薩摩の郷中教育に学ぶ

最強の後継者育成

塩野時雄

SHIONO TOKIO

幻冬舎MC

はじめに

社会で活躍するリーダー人材には、複数の視点から物事を考える「思考力」が必要です。さらに常識にとらわれない自由な「発想力」に加え、思考を現実化する「実践力」が求められます。しかし従来の学校教育では、リーダーとしての能力を養成されないまま社会に出ていきます。又、社会人になってから自身で「リーダー」の素養を磨くことはなかなか難しい問題です。「息子に会社を継がせたいが素質が無い」「社内に優秀なリーダーがおらず後継者が決まらない」等、リーダー人材不足による後継者不在に悩む経営者が少なくありません。

筆者は約30年間、塾経営や私立高校の学校再生等で教育現場に携わってきました。これまでのキャリアを日本の課題となっている後継者育成に繋げたいと日々模索していました。

そして、ついに「郷《ご》中《じゅう》教育《きょういく》」に辿り着くことができました。それは、鎌倉時代から700年近く薩摩を統治してきた島津家に受け継がれてきた教育システムです。「郷中」とは、薩摩藩の区割りされた今で言うところの町内会のような小さな自治組織でした。青少年たちが年齢の枠を超えて近隣の民家で一緒に学んでいたのです。テクニックや暗記主体の教育ではなく、文武両道を奨励し、ひたすら考えさせる訓練法でした。思考力や発想力、実践力などリーダーに必要不可欠な資質を高める人材育成法です。この教育法は現代に必ず応用できると得心。追究していた企業の後継者不足問題の解決策になると確信したのです。

特に「僉議《せんぎ》（想定問答）」に魅かれました。僉議とは、正解のない問題を出し合い、仲間と議論して自分の頭で考える力を身に付けるというトレーニングです。例えば「乗っていた馬が足をくじいてしまった。登城の時間に遅れてしまう。さあ、どうする？」という具合に問題を出します。模範解答はなく、最初に4つの選択肢を考えたとされています。一つの考えに固執せず、合理的な思考を重ねていくことにより最大の結果を得ることを目指す訓練でした。

薩摩は、僉議を目玉とする郷中教育により心身共に強かな人材を育成し、明治維新の元勲西郷隆盛、大久保利通、日清・日露戦争の立役者である大山 巌、東郷平八郎など、名だたる英傑らを輩出してきました。日本に明治という新時代をもたらしたのは薩摩の人材育成にあったと言っても過言ではありません。国民が信頼できる国家を創り上げた功績は偉大と言えます。

本書では、薩摩の郷中教育を主な題材にして後継者育成方法について解説します。読者諸氏の後継者育成のお役に立てれば幸いです。

薩摩の郷中教育に学ぶ　最強の後継者育成　目次

［第4章］　郷中教育を現代に活かす

自身を超える後継者を育てるには――

［第1章］

後継者育成に悩む
中小企業の経営者たち
後継者にとって必要な
資質・能力とは――

なぜ後継者を育てられないのか？

・コロナ禍で顕在化する著しい後継者不足

日本企業は、２０２０年からのコロナ禍で甚大な被害を受けています。休業に追い込まれた飲食業や顧客が消えてしまった旅行業、興行を打つこともできなくなったエンタテインメント業界、リモートワークの浸透で定期券を持つ旅客が2割近く減ったと言われる鉄道やバス等の公共交通インフラ会社等、多くの企業が苦境に陥っています。今後コロナが鎮静化したとしても、以前の状態に復活することは難しいと思われます。そのような経済危機の中、顕在化しているのが中小企業の著しい「後継者不足」です。

帝国データバンクの「全国企業『後継者不在率』動向調査」（２０２０年）によれば、全国・全業種約26万６０００社のうち約3分の2の中小企業が「後継者不在」と回答しています。企業数の99％を中小企業が占めていることを考えると、暗澹たる状況です。しかもコロナで経営自体がどん底になり、以前だったら家業を継ごうと思っていた青年が「やはり無理だ」と言って事業承継を諦めるケースも増えています。

企業経営が崩壊することによって、当然国力も衰退していきます。日本経済の未来はどうなるのか？　まさに絶体絶命の状態にあると言えます。この社会問題を解決するために、私たち一人ひとりがなんらかのアクションを起こさないといけないのです。筆者は、「ＤＸ」後継者育成塾を開校し、日本社会に貢献しようと決意しました。後継者育成こそが、日本企業を再生させる方法だからです。

・企業は人なり

「企業は人なり」という言葉があります。会社には、魂とも言うべき理念が必要だという意味だと筆者は考えています。独自の「使命＝ミッション」を果たすために、会社は人材を必要とするという考え方です。

外食産業の雄、マクドナルド社が経営危機に陥ったことがあります。三代目社長に就任した原田泳幸は、経営不振の全ての原因は人材不足にあるとして、特に店長教育に莫大な投資を行いました。取締役陣から提案されていた「店舗を閉鎖し、人員削減する」というリストラ案をあっさりと退けたのです。この英断がなければ、今日のマクドナルドの繁栄を見ることはできなかったかもしれません。人を減らすというリストラの判断をせず、人材育成に資本投入したことは、経営トップとして正しかったのです。原田は、「リーダーシップは、結果（数字）だ」と言い切るほどの実績を出しました。彼は、「真心こもったサービスを提供する」という、マクドナルドの「企業理念＝フィロソフィー」によって、人材を育成したのです。原点なくして目先の利益を追っていたら、やがて企業は衰退していきます。経営者は、企業理念を果たすために人材を育成しなければならないのです。

過去の「成功体験」を否定できるか？

・現在の経営者像

日本経済の担い手である2020年の社長の平均年齢は、60・1歳です（帝国データバンク　2021年）。筆者（1956年生まれ）も含め、高度成長後半期（1970年代）に高等教育を受けた世代ということになります。

当時の日本社会は、「モノづくりの全盛期」でした。終戦後の産業界は、技術力が未熟で世界の趨勢に追いつけなかったために、「メイド・イン・ジャパン（日本製品）は安かろう悪かろう」と言われ、粗悪品で安いというイメージが付きまといました。

けれどもトランジスタラジオで世界を席巻するソニーが出現したのに続き、多くの日本企業が躍進を遂げました。オートバイや自動車でも世界的なレースに勝つホンダが現れました。トヨタ自動車、松下電器（現パナソニック）、東芝、シャープ等の有力企業が続々と現れ、日本の製造業は技術力、開発力も飛躍的に伸びていったのです。

高度成長期の大量生産に適した教育は、産業界で活躍する人材を大量に供給することが大前提になります。大きな工場で黙々と働く従業員が歓迎され、現場は少品種大量生産なのですから、「金太郎飴式」の画一的な人間が大量に求められたのです。すなわち明治維新以降、連綿と続く軍隊式管理教育が行われ、上意下達がしっかりとできる人材、「ミスをしない、丈夫で長持ち、アイディア不要」の人材が育成されました。

従って、教育は教科書暗記型、先生服従型、チームの和を乱さない「予定調和」教育が行われたのです。この時代は人口もどんどん増加し、「人口ボーナス」と呼ばれる経済成長のベースがありました。全産業の売り上げは右肩上がり、企業もどんどん世界に出て、ついにはマンハッタンの超有名老舗ビルまで買い取ってしまう企業も現れました。

もちろんそれは悪いことではありません。バブル期に中堅社員として会社をリードした現在の経営者たちには、この時代の成功体験が蓄積されています。ところが、今日の産業界は、全く逆の少量多品種生産になっています。経営者がその変化に付いていけていない。かつての成功体験がマイナス要素になってしまっている。一度染みついた成功体験は、人間の発想をガチガチの固いものにしてしまうからです。

大量生産時代に「我が世の春」を謳歌した経営者がリタイアする歳になって、次代の後継者を育成しようとしています。しかし、時代は大きく変わりました。バブル崩壊やリーマンショックを経て人口減少時代に入った日本経済は、いつの間にか第二次産業中心から第三次産業中心へと大きく舵を切りました。少量多品種生産、アイディア勝負、多くの業界でドラスティックなパラダイムシフトが起こっているのです。

世界に目を転じれば、かつて日本がバブル景気に沸いていた1980年代は、アメリカ経済が「双子の赤字＝財政と貿易」と呼ばれて失墜し、国全体が悲鳴を上げていました。しかし、当時シリコンバレーの片隅で生まれたインターネットやIT技術を駆使した情報産業がその後躍進し、今日の「GAFAM（グーグル、アマゾン、フェイスブック〈現メタ〉、アップル、マイクロソフト〉」を筆頭にアメリカは情報産業大国になっています。

一方、日本は1990年代前半のバブル崩壊後、「失われた30年」と言われ、経済は泥沼にはまっています。加えて人類がかつて経験したことがない超高齢社会で生産人口減少とマイナス要因が重なり、いっこうに光明は見えてきません。

「非常時」に立ち向かう経営者は、現在の60代が経験したことのない発想力や行動力を持つ人材でなければなりません。現在の経営者たちは、次代後継者の育成において過去の成功体験を否定しなければならなくなっているのです。頭の切り替えが、今日の後継者育成の最重要課題と言えます。

・経営者の劣化

どうせ後継者が育たないなら、いっそのことM&Aで会社を売る、大手に子会社化してもらう、株式を譲渡する等、傷口が大きくならないうちに会社を手放す判断をするという経営者もいます。賢明のように思えますが、本来の経営者の使命は、雇用を守り、事業を持続可能なものにすることです。日本経済を活性化する責任がありますから、もっと前向きな発想でなければならないのです。現状、右往左往する経営者には確固たる「経営理念」がないのです。もし、理念があったとしても、実践していないケースが大半を占めていると思われます。

経営者に確固たる「経営理念」がないから、後継者（候補）もその背中を見て育つことができませんし、理想を承継できません。後継者候補がいても事業を引き継ぐことに迷います。悪循環に陥っているのです。企業経営の肝は、「経営理念」の有無にあります。世の中を良くしたいという確かな理念があれば、後継者を引き付けることが可能なはずです。

・郷中教育による「負けない経営者」

最近、大手企業に勤務する2人の営業マンと話す機会がありました。2人共所属企業のエース級で30代前半の青年です。筆者は試しに「社長になりたいか？」と聞いてみました。すると異口同音に「社長になりたい」と言います。ところがすぐに独立する気はなさそうです。質してみると、「今は子供が小さく、経済的にも大変で独立するにはリスクが高過ぎる。だから独立起業を躊躇している」と言うのです。彼らの仕事ぶりを見ていると、上場企業の社員だけにそつなく、手堅く仕事をしています。筆者のような中小零細企業の社長から見ると、上場企業の社員は一軍選手、中小零細企業の社員は二軍、三軍選手に見えるものです。

彼らを経営者として鍛えて中小零細企業の後継者として紹介すれば、非常に喜ばれるのではないか？　郷中教育（僉議）の教えに従って経営していけば、手堅く無難に企業の経営を持続可能な状態に導いてくれるに違いない。彼らは、十分期待できる人材です。

多くの経営者は、後継者にはチャレンジャーであるよりも「無難さ」を選ぶ傾向があります。無難というと「何もやらない人」といったネガティブな印象もありますが、そうではありません。武家のように「家を守り」、家業を継続してくれる人。経営者の多くは、堅実な人材を待望しているのです。

たとえ優秀な後継者でも、自分が大切にしてきた企業理念を放棄されたり真逆な改革をされたりしたら、せっかくの事業承継の決断が無駄になります。後継者にとっての最大利益を狙うのではなく事業承継における「最適解」を見い出す経営者になること。目の前の案件を僉議の理論通りに「４つの選択肢」に分けて、失敗しない方法（最適解）を選択する。一時派手に稼ぐ経営よりも、長く持続する「負けない経営」に徹して欲しいのです。

その結果、家（会社）が半永久的に残っていくことが事業承継の「成功体験」なのです。言い換えれば、事業を「繋ぐ」ということです。経営は、業績が現状維持ではマイナスになります。確実に対前年比1割から2割アップを狙っていく。極端に2倍を狙えば、「チャレンジ」になって失敗にも繋がります。「チャレンジ＝革命」ではなく「改革」しながら時代に合わせて事業を繋いでいくことが、後継者人材に求められます。

・人材育成の困難さ～企業ブランドの観点から

後継者人事の失敗事例を通して人材選定の難しさを指摘するために、ある中堅出版社のドタバタ承継劇を例に挙げます。父娘の経営対立が顕在化し、企業価値を著しく棄損してしまったケースです。

事業承継前の父親の目には、娘は優秀な後継者として映っていました。彼女は名門国立大学卒業後メガバンクに勤め、「姫」と呼ばれる優秀な女性でした。高齢になった父親は「姫」に社長の座を譲りました。ところがバトンタッチの際、企業にとって最も大切な

「理念」の承継を怠ってしまったのです。父娘だから以心伝心でそれが分かると思ったのでしょう。

承継後のドタバタ劇の結果、この出版社は倒産よりもやっかいな「ブランドの失墜」という事態を招いてしまったのです。後継者教育の難しさを物語っています。

そもそも企業が最も大切にしなければならないブランドとは、次の3つの要素から成り立っています。

1　経営者が考える組織の存在価値（経営理念）＝フィロソフィー
2　企業の使命＝ミッション
3　企業が目指すべき将来像＝ビジョン

これら3つの要素がなければ、企業という組織に存在意義はありません。事業承継に当たっても、これらが確実に承継されることが重要になります。現状の日本の産業界では、これら3つの要素をしっかり定めている中小企業が少ないように思います。

目先の利益を追い、短期の黒字化を至上目的とするあまり、フィロソフィー、ミッション、ビジョンを全く考えていない会社であれば、「後継者育成」を実行してもなかなか成果に結びつきません。理念なき経営が「後継者不在」の状況を惹起しているのです。因みに百年企業の多くは、社訓等の「経営理念」がしっかり承継されています。

・ブランドプロミス

前述の出版社は、70年代に創業者（父親）が故郷の町で小さな会社を興したことが出発点になっています。瞬く間に急成長し、全国各地の書店とＦＣ契約を結び、書籍の流通革命を起こしたのです。高度成長期にも後押しされ、順調に業績を伸ばしていきます。営業マンを雇い、個人宅を訪問しながら辞書や書籍を販売するという方法によって他社との差別化を図り、富裕層のニーズを取り込んで急拡大しました。

企業理念は「お客様と社員を大切にすることで結果として会社が発展する」というものです。このフィロソフィーを裏付ける「ブランドプロミス」は、「高品質な書籍を編集し、販売後も手厚くサポートしてくれる上品な出版元」でした。一度、当該出版社の辞書や本を買った顧客からすれば、「ブランド体験」を感じていたはずです。

ところがバブル崩壊によって業績が悪化した結果、創業者（父親）は経営を娘に譲り「若い感覚」で経営難を乗り切るという判断をしました。これ自体は悪い決断ではありません。ブランドイメージを引き継ぎ、ブランドプロミスを守りながら新しい経営戦略を立てていけば良かったのです。

しかし、娘は企業の「フィロソフィー」に手をつけてしまいました。父親が維持してきた企業理念の真逆路線を歩み始めたのです。出版ラインナップを「安く気楽に読める書籍」に変え、カジュアル路線を目指しました。店舗にもカジュアルな雰囲気を施して、営業マンによる訪問販売を控えるようにしました。その結果、10年以上減り続けてきた入店客数は一転して増加に転じたものの、その一瞬の光の先には、「ブランドイメージ失墜」というダメージが待っていました。

新社長になった娘は、大学で学んだ「確率論」によって、1割の富裕層から9割の大衆層にターゲットを変えたのです。その結果、従来の顧客に対して「企業理念」という「約束」を反故にしてしまった。創業者である前社長から理念の承継をしていなかったというよりも、理念を軽視していたのです。「顧客」という概念が、新社長になってから変化してしまった。「理念承継」の欠如が御家騒動の本質だったのです。

取締役会で娘社長が解任され、無役の取締役へ降格され、その後父親が社長に返り咲きました。けれど相変わらず業績は低迷し、1年後の取締役会で再び娘が社長に復帰。父親は会長に専念します。さらに次の取締役会で会長は退任し、それでも業績は好転せずに、ついに大手取次の完全子会社になることが決定しました。娘社長は、4期連続で赤字を計上し、約5億円もの赤字を計上した年に退任します。長年の顧客から見放され、企業としては身売り、上場廃止という最悪の結果となりました。

・理念は不変

もちろん新社長は何も変えてはいけないと言っているわけではありません。時代や経営環境によって、マーケティング戦略は変えていくものです。むしろそれは変わらないといけないとも言えます。しかし、経営理念やブランドプロミスは変えてはいけません。変えるならば、新会社を立ち上げる位の覚悟を持たないといけないのです。

例えばアパレル業界では、時代の変化と消費者のニーズに合わせたカジュアル路線を展開する場合、派生ブランドを立ち上げるのが常套手段です。老舗英国ブランドが若者向けに新ブランドを作ったり、それまで銀座でシニア層を相手にしていた老舗ブランドがカジュアルブランドを作って新宿や渋谷に新店舗を出店したりしています。

派生ブランドを創出することは、元々のブランドイメージを棄損せずに顧客層を広げ、今までになかった顧客ターゲットへの訴求や価格ゾーンの展開に繋がります。顧客との信頼関係「ブランドプロミス」を踏みにじることはありません。これを後継者にしっかりと言い聞かせ、理解させていなければ経営者としては失格なのです。基本中の基本である「理念承継」ができなければ、失敗します。

・「理念承継」の成功例

S社の創業者社長であるS氏は、娘婿だけは社長にしないようにと遺言して亡くなりました（正式な遺言書無し）。後継者指名の取締役会において、娘婿（M専務）は当然自分が社長に選ばれると思っていました。ところが投票の結果、新社長には実力者のO常務が選ばれました。O常務は社長に選任された後、筆者にこう吐き捨てました。

「役職は主任、係長、課長、部長、取締役というように順番に階段を上っていくのが正規のルートです。20代の頃から取締役になっていながら功績がない経営のド素人に社長が務まるはずがない」

さらに、「一人ひとりの社員を大切にするという創業者の理念を承継できるのは、M専務ではなくこの私だ」と胸を張ったのでした。言葉通り、O常務は社長に就任すると社員の誕生日に必ず自宅にプレゼントを届ける等、本当に社員を大事にしていることが分かります。

実力者が会社を引き継ぐのが当たり前だと思う人もいるかと思います。しかし世の中では、後継者として娘婿のような一族が承継するケースが圧倒的に多く、結果的に倒産する会社の数が少なくないのです。O常務が社長になったことで、S社は数年間倍々ゲームで順調に売り上げを伸ばし、今は大切にしている社員と上場に向けて驀進しています。やはり一族以外であっても、理念を承継できる人物を後継者にすべきなのです。

［第2章］

後継者育成のカギは
薩摩の教育システムにあった！
数々の英傑たちを輩出した
「郷中教育」とは――

薩摩藩の企業理念「いろは歌」

・日常的に諳んじる「いろは歌＝理念」

第1章に見るように、企業は理念に基づき、経営を図るべきです。第2章では薩摩藩の人材教育の実践を通して、今日の経営者が学ぶべき点を挙げていきます。幕末維新期、薩摩藩から優秀な人材が続々と誕生しました。人材育成戦略の土台は、郷中教育にありました。魂となる理念が「いろは歌」に込められていました。

「いろは歌」は、島津家中興の祖と言われる島津忠良（日新斎、1492～1568年）が、5年余りの歳月を掛けて天文14年（1545年）に生み出した人生訓です。

島津家の始祖は、源　頼朝と比企一族（埼玉県比企郡）出身の丹後局から生まれた忠久です。その後、忠良が家運の隆盛を念じて詠んだのが「いろは歌」です。日常生活の中で青少年たちに「魂」として、植え付けられていきました。

島津宗家の家督を譲り受けた忠良が「いろは歌」を創作したことにより、島津家（会社）に「経営理念」が確立されました。この理念の徹底により、薩摩藩という団体は目標を持った組織体となったのです。

理念伝承が戦国時代から江戸末期まで約300年続いたことで、幕末維新期の薩摩藩人材の活躍に繋がっていきます。「いろは歌」こそが、約300年間を通して培った薩摩藩の魂なのです。全編を通じて、「誠」を尽くすことの大切さが込められていました。「いろは歌」には、「い」から始まり最後の「す」まで、47首の歌が詠まれています。本書では、代表的な歌を紹介します。薩摩藩が大切にした「企業理念」を学び取ってください。


「い」

「いにしへの　道を聞きても　唱へても　わが行ひに　せずばかひなし」

〈解釈〉

いくら学んだとしても実践しない限り意味がないとする、陽明学「知行合一」と同じく実行する大切さを説いています。西郷隆盛や大久保利通、東郷平八郎らの実践力は、「知行合一」の実践の繰り返しの中から身に付けたものと考えられます。

「ろ」

「楼の上も　はにふの小屋も　住む人の　心にこそは　たかきいやしき」

〈解釈〉

人間の価値は、豪華な家に住もうと粗末な家に住もうと決まるものではありません。真心を尽くす「誠」を持っているか否かによって決まるものです。この根本理念によって、西郷らは下級武士であっても引け目を感じることなく大事を成し遂げることができたのです。

「は」

「はかなくも　明日の命を　たのむかな　今日も今日もと　学びをばせで」

〈解釈〉

「『明日やればいいや』とついつい先延ばしにしてしまうのが、人の常である。しかし、明日の命の保証など全くない。その日、その時までが人生だ。だから全てに命懸けでやりなさい」という人生訓です。

「ほ」

「ほとけ神　他にましまさず人よりも　心に恥ぢよ　天地よく知る」

〈解釈〉

仏や神は、自身の心に宿り全てを承知しているものです。だから、他人に恥じる前に自分の心に恥じなさいという戒めです。例えば今日、脱税や不法投棄を全社を挙げて行うような会社には、悪事を恥じる気持ちがないのです。まずは「心に恥ぢよ」と「いろは歌」は教えます。

「と」

「科ありて　人を斬るとも　軽くすな　いかす刀も　ただ一つなり」

〈解釈〉

科《とが》とは、犯罪を指します。「刀」すなわち刑罰は、軽々しく行ってはなりません。西郷は、戊辰戦争で降伏した庄内藩に対し「戦の結果によって人間の価値は決まらない。敗れた武士の気持ちを察するべきだ」と一人たりとも切腹させず、寛大な処分を下しました。

庄内藩主・酒井忠篤は、明治維新後に旧藩士76人を引き連れて鹿児島の西郷を訪ね、改めてお礼を申し述べたことは有名な逸話です。この時、旧藩士らによって著されたのが「南洲翁遺訓」でした。

西郷隆盛は少年時代にケンカの仲裁に入り、相手の刀で右腕を切られ、刀が持てなくなってしまうというアクシデントを体験しています。弱い立場の人間を労わるという気持ちが根付いたと思われます。

「を」

「小車の　わが悪業に　ひかれてや　つとむる道を　うしと見るらん」

〈解釈〉

怒りや愚かさ等で道を間違えてはいけません。自身の能力に合った仕事を発見し、力を尽くせば必ず世の中のためになります。独自の「使命＝ミッション」を果たすことの大事さを述べています。

「な」

「名を今に　残しおきける人も人　心も心　何かおとらん」

〈解釈〉

今に名を残す偉人も我々と同じ人間である。奮起して努力することが必要であると説いています。孟子は「舜も人なり、吾もまた人なり」と言ったとされます。聖天子と言われた舜のような振る舞いが、どうして自分にできないことがあろうか？「誠」を尽くせば誰にでもできるはずだという教えです。

「ら」

「楽も苦も　時すぎぬれば　跡もなし　世に残る名を　ただ思ふべし」

〈解釈〉

楽しいことも苦しいことも時間が過ぎれば、跡が残らず、消えてしまう。苦楽は、単なる出来事である。だから、名を残せ、家を残せと説きます。

「む」

「昔より　道ならずしておごる身の　天のせめにし　あはざるはなし」

〈解釈〉

昔から、道に外れて驕り高ぶった者で天罰を受けなかった者はいません。「驕れる人も久しからず、ただ春の夜の夢の如し」という『平家物語』から詠んだ歌でしょうか。決して驕ってはならないと戒めています。

「ゐ」

「亥にふして　寅には起くと　ゆふ露の　身をいたづらに　あらせじがため」

〈解釈〉

「夜の10時に寝て、朝4時に起きなさい」と露のようにはかない人間に時間の尊さを説いています。藩の子供たちに時を惜しんで勉学、武道に取り組むことを奨励しました。

「ゆ」

「弓を得て　失ふことも　大将の　心一つの　手をばはなれず」

〈解釈〉

軍勢の心を得ることも失うこともリーダーの力量次第で決まります。前漢の劉邦は、楚の項羽に勝利できた理由を「自分は、戦略家としては張良に及ばず、将軍としては韓信に及ばない。けれどそういう多くの人材を用いることができたのに対して、項羽は范増という名参謀一人すら用いることができなかった」と説いています。器量の大切さを説く一首です。

「ゑ」

「酔へる世を　さましもやらで　さかづきに　無明の酒を　かさぬるは憂し」

〈解釈〉

あたかも酒を飲んで酔っているかのように世の中が乱れきっているのに、煩悩に迷いさらに酒を重ねるとは愚かなことだという歌です。「無明」は仏教用語で煩悩の原因で迷う境地を指します。酒に酔ったような世の中で自身のふがいなさを詠んだ歌に思えますが、最後まで諦めるなという、今言われる「レジリエンス（立ち直る力）」を強調した歌だと考えられます。良い世の中を作ろうという気持ちがにじみ出ています。

「ひ」

「ひとり身を　あはれと思へ　物ごとに　民にはゆるす　こころあるべし」

〈解釈〉

何事によらずに民を慈しみ思いやる心がなければなりません。「孟子」の「老いて妻なきを鰥《かん》といい、老いて夫なきを寡《か》といい、老いて子なきを独といい、幼にして父なきを孤という」という言葉があります。君主は、弱い立場にいる者たちへの慈しみの気持ちを忘れてはいけないと人徳を積む考え方を示しています。

「も」

「もろもろの　国や所の　政道は　人に先づよく　教へ習はせ」

〈解釈〉

政道とは、領地内の法令を指します。法令は領民に徹底的に教え込み、習慣化するまで浸透させなければならない。日頃馴染んでいれば領民たちは法令に服するものであると領主の心得を説いています。

「いろは歌」は、庶民にも理解できる平易な言葉で人の生き方、考え方、行動規範を説いています。大切なことは、薩摩藩では少年時代から「いろは歌」を毎日繰り返し諳んじていたということ。10代の少年のうちから、軍団のリーダーのあるべき振る舞いを学び、酒におぼれてはいけないこと等を諭されます。少年時代から「いろは歌」を詠むことで、その「理念」が刷り込まれていくのです。人は自ら語る「言葉」に支配されると言います。いろは歌は、何よりも精神の修養になりました。そこに薩摩藩の人材育成のポイントがあります。

島津家の歴史

・藩としての行動規範

16世紀半ば、島津家では宗家がその力を失い島津家一族としての結束力無き時代が続きました。藩内は国人領主の勃興を許し乱れていたのです。島津貴久が15代目宗家を継いだ状況で、父忠良は失われた一族が団結するために、一族としての「理念」を「いろは歌」に著したのです。

「いろは歌」は、短歌と同じ「5・7・5・7・7」の31文字にまとめられています。短歌としても評価できます。内容は、仏教を基本に一般的な生活に関するものから主従関係に至る広範囲にわたり、忠良の世界観が説かれています。

藩全体が「いろは歌」を尊重し、家臣に与える文書には「日新公（忠良）の御詠歌にもかくあり」と必ず添えられたと言います。藩の政庁で職務に就く前には「い」「は」「と」の三首を毎朝吟じたほど重んじたのです。

「いろは歌」を暗唱し詠み継ぐことによって、島津家の人々（藩士）の心が次第に大きく変わっていきました。会社で言えば、社風が変わったということになります。子供時代から「いろは歌」によって後継者育成がなされたのです。

「言葉は、怠け者の脳味噌を活性化する」と言われます。脳科学者に言わせると、人間の脳は24時間働いているので放っておけば休もうとします。自分の目標を文字に書いて言葉にすれば意識化することができ、行動が始まるというのです。

プロ野球選手だったイチローの小学校の卒業作文がまれに報道されることがあります。一流となる人物は必ずと言っていいほど少年時代に将来の目標を具体的な言葉にしています。自分の意識を常に目標達成地点に持っていき、脳を休ませないのです。まさに「思考は現実化」します。周囲の人（家族、仲間、先輩、後輩たち）もその大きな目標を聞いているわけですから、周囲からの期待も大きくなります。怠けられない環境を作って自らを奮い立たせているのです。

後継者育成も又然りです。島津家の理念を書いた「いろは歌」を毎日詠むことで切磋琢磨することができます。現代の日本にも書き初めなど、目標や願いを言葉にする「儀式」は残っています。お正月のお祈りといった特別な時だけでなく、もっと日常的に実行させたのが「いろは歌」だったのです。

戦国大名は、藩内の領地支配のために「分国法」と呼ばれる条例を制定していました。「いろは歌」は分国法ではなく、あくまで行動規範に過ぎません。しかも罰則を伴う法律でもなければ、忠良の個人的主観でもなく、訓戒というほどの頑迷なものでもありません。むしろ「より良く生きるための知恵」であり「より良い社会を作るための人徳の積み方」を詠んだ歌です。仲間たちと日々唱和し、体中に沁み込ませていきました。子供の頃から「いろは歌」の理念を叩き込むことで、薩摩藩の人材育成は良い結果を出すことができたのです。

・忠良とは何者か？

「いろは歌」を作った島津忠良は、日新斎の号が有名な薩摩藩の戦国武将です。

1492年、島津家の分家の伊作家の長男に生まれ、15歳で当主になっています。宗家の家督相続で一旦出家するものの、天文8年（1539年）の戦いで実久の弟・忠辰を討ち、実久を降伏させました。この功績により忠良・貴久親子は名実共に島津家の家督を相続し、守護職復帰を果たすことになります。忠良は島津家復興のために「いろは歌」を作り、家臣が団結するための精神的な支えとします。「いろは歌」は薩摩藩士の行動規範となりました。現代においても稲盛和夫の経営などに大きな影響を与え続けています。

郷中の人材教育

・郷中教育とは

薩摩においては、秀吉の時代から幕末まで「郷中教育」が藩の隅々まで行き届いていました。一言で言えば「年長者が年少者を教育する制度」でした。薩摩の武士たちの結束はより強固になり、幕末には倒幕のムーブメントを引き起こす源泉となりました。

「郷中」とは薩摩藩の区割りされた地域を指し、江戸時代初期には城下に18の郷中があったとされています。幕末には33に増加しました。城下以外にも郷中があり、それぞれで行われていた薩摩藩伝統の教育方法を「郷中教育」と言います。

「いろは歌」を作った忠良は、一度薩摩を追われています。守護職に戻ったのは47歳、1539年の時のことです。1545年、忠良は三州（薩摩、大隅、日向）を平定後、いろは歌を完成させています。

朝鮮の役（1592年、1597年）の際、リーダー格の多くの藩士らが薩摩の地を離れたことによって、青少年たちの風俗が乱れました。危機を感じ取った島津家は、本格的に

「郷中教育」を開始します。精神訓である「いろは歌」を藩内に徹底させていったのです。

忠良と貴久親子は連署した掟にこう書いています。

「若き衆中は、武芸、角力、水練、山坂歩行、平日手足をならすべきこと」

薩摩においては、次代を担う若者たちに「文武両道」教育を施す風土が長期間培われていったのです。関ケ原の戦い（1600年）以降、藩を挙げて打倒徳川家の炎が消えることはありませんでした。

豊臣秀吉政権下において、秀吉の介入により島津家は統制を失い、検地により所領を減らされた家臣が不満を抱える状況もありました。苦境を脱するために、忠良の弟子の一人で「鬼武蔵」と称された猛将新納忠元は、「二才咄相中」という会を組織します。

そして「二才咄格式定目」として、次のことを定めています（抜粋）。

・武道を第一として嗜むべきこと
・何事も仲間内でよく相談して処理すること
・古風を守り、髪形や外見に拘らないこと
・嘘を言わないこと

・山坂を歩き心身を鍛えておくこと

これらが郷中教育の基礎になっています。

・異学年教育

郷中では、青少年を「稚児《ちご》＝現在の小中学生」と「二才《にせ》＝高校1年生から25歳の青年まで」に分けます。

その上で具体的な教育メソッドである「武道修練」、「忠孝実践（日新斎『いろは歌』暗唱、薩摩義士伝輪読会等）」、「山坂達者《やまさかたっしゃ》＝野遊びによる体力養成」、「僉議（想定問答）」等を通じて先輩が後輩を指導することによって、強い身体力と不屈の精神力を兼ね備えることを目指します。薩摩武士の能力として最も大切とされていた「判断力」「発想力」「実践力」を持つ人材を育てようとする訓練です。薩摩武士の子供たちは二六時中、同じ年頃や少し年上の人たちと一緒に過ごしながら心身を鍛え、礼儀、武芸を身に付け、勉学に勤しみました。

「年長者は年少者を指導すること」「年少者は年長者に敬意を払う」「負けるな、嘘をつくな、弱い者をいじめるな」等、人として生きていく最も大切なことを「薩摩の教え」として学んでいきます。

6歳から10歳――――小稚児

11歳から15歳――――長稚児

15歳以上の元服後の青少年（二才＝にせ）が「古典、武道等」の指導に当たります。

早朝6時頃から正午まで、稚児らは自ら師（二才）を選び、儒学書道等を学びます。午後は4時頃から薬丸自顕流の武道稽古を夜の6時から8時頃まで行います。

剣術稽古は極めて単純で、立ち木をひたすら打ち続けます。立ち会いの特徴は先手必勝、最初の一太刀（一の太刀）で全てを決します。それを外されたら死ぬまでだという潔さが薩摩武士の誇りでもありました。幕末に薩摩藩士と対峙した新選組の近藤勇は「薩摩藩士を相手にする時は一の太刀を外せ」と配下に徹底させていたと言います。

大久保一蔵（利通）19歳時（1848年）6月28日の日記には、夜を徹して仲間たちと切磋琢磨した様子が書かれています。東郷吉左衛門（東郷平八郎の父）宅で「曾我兄弟」

の仇討をしのび、法話を聞き、相撲を見て、歌会を催し、薩摩琵琶や天吹（竹笛の一種）等を奏しました。学びの後は車座になり、気づきを発表し合いました。話す力、聞く力を高め、リーダーに不可欠なスピーチ（発信）力を高めていったのです。日記には、「僉議段々これあり」と想定問答に熱中した様子が窺われます。今日の「ディベート」に近いものでした。僉議は、15歳以上の二才を対象に行っています。優れた稚児には、例外として特訓しました。

ボーイスカウトの創設者であるロバート・ベーデン＝パウエルは、薩摩の郷中教育を基にして、組織作りをしたと証言し、「薩英戦争における、勇敢な薩摩青年らがどのように育成されたのかを知りたかった」と言っています。

・師を自ら選ぶ

師を自ら選ぶという特徴もありました。年少者にとって師を選ぶのは自らのロールモデル（憧れ）の選出であり、年長者にとっては年少者の敬意を得られるかという試金石にもなります。「教えながら学ぶ」実践の場としても、年少者、年長者共に大いに鍛えられる稽古場でした。

　西郷隆盛のような傑出した人材は、稚児の段階で郷中の年長者の報告を通して藩中央が注目することになります。西郷だけでなく大久保利通、東郷平八郎等を輩出したのは、下級武士の居住地だった「下加治屋町」の郷中です。彼らの実力は、郷中教育の中で培われたものとみて間違いありません。

・郷中教育の実態

　郷中教育には各地に点在した「寺子屋」のように決まった教室があったわけではなく、専属の師がいたわけでもありません。教室に当たる学び舎は郷中の各家が交代で部屋をあてがい、年長者が交代で授業を受け持ちました。誰しもが教わる立場から教える立場へと変わっていきます。子供たちは自分が教わった経験をもとに、教える立場になったらどう教えようかと工夫をしながら自らも成長していくのです。

　薩摩藩の「(経営) 理念」に当たる「いろは歌」と並んで大切にされたのは、「3つの戒め=誠を尽くす」です。

1「負けるな」

鹿児島出身の60代以上の男性ならば「泣こかい、飛ぼかい、泣こよかひっ飛べ」（迷わずにすぐに飛べ）を今でも諳んじている人が多くいます。勇敢に戦っていい結果を出すことが人望を高めることになるという教えです。

2「嘘をつくな」

嘘をつき人を欺けば、人望を失うという戒め。

3「弱い者いじめをするな」

卑怯なことをするなと戒め、人望を失う言動を示しています。

その他、儒教の「四書五経」を学び、『三国志』『曾我物語』『太平記』『真田三代記』等を輪読しました。

・幕末に発揮された郷中教育

11代薩摩藩主島津斉彬は、異世代間を交えた実践教育である「郷中教育」の利点を重視して各地に郷校を整備しています。郷中は区域ごとの縦割りの組織であったため、それぞれ掟がありました。郷中同士はライバルのようなもので、同じ郷中の親睦が重視されて他の郷中との交流を禁じました。文武を奨励して、原則として藩の方針に従い、婦女子との交際やいじめは厳禁とされていました。郷中教育は、日本的な「ダメ出し教育」ではなく、プラス発想が徹底されていたことが特徴です。幕末、維新期に幾多の人材を輩出できた要因と言えます。

江戸時代、他藩でも当然教育を行っています。例えば会津藩では、次のような「什の掟」を教えています。

・年長者の言うことには背いてはならない
・年長者にはお辞儀をしないといけない
・嘘を言ってはいけない
・戸外で婦人と言葉を交わしてはならない

「什」とは6歳から10歳までの男子10人を一単位とする組織です。集団生活を展開して家庭教育では補いきれない長幼の序や礼儀、友情等の社会人の基本を子供同士の交わりの中で学ばせました。大河ドラマによって繰り返し語られた「ならぬことはならぬものです」という厳しい言葉が有名になっています。

会津藩の「什の掟」に象徴されるような「ダメダメ育児」が現代教育の主流です。「〜をしてはいけない」「〜はするものではない」という、悪いところを矯正するマイナス発想の考え方です。非常に日本的な上下関係を重視する忖度教育と言えます。

薩摩では男の子ができれば城に招き、殿様が祝いの言葉を述べたという位、人を大切にする方針が藩内に浸透していました。「人は宝」だからしっかりと育て、良い世の中を作るのだという世界観が表れています。

郷中教育は、最初に「先輩」を選ぶことから始まります。師弟関係や上下関係を作らず、ナナメの関係である先輩の背中を見て後輩たちは育っていきます。一般的な先生のイメージでは、たとえ正解が黒であっても先生に「白」と言われたら白として服従しなければばなりません。それでは思考力が育つはずがありません。

郷中教育では、初めから先輩の意見は正しいと考えないのです。絶対的な師は不在なので自ら最適解を選択するしかありません。だから思考力が鍛えられるのです。現代の後継者育成にも大いに取り入れたい考え方です。

当時の状勢としては徳川幕府との対峙の仕方に藩の存続がかかっていました。幕府から押し付けられる無理難題に対しても、現代のビジネス界の最先端戦術論に匹敵する「僉議」を駆使し、凌いで藩を守ったのです。

徳川幕府の体制下で藩を存続させるためには「後継者」を常に育て続けなければなりません。後継者がいなければ、不在を理由に藩はお取り潰しの憂き目に遭います。遠方への「国替え」や藩の規模を小さくする「減封」という規定もありました。

現代のような話し合い（外交交渉）とかハラスメントなどという手段も概念もない時代です。幕府に対しては異議を唱えることができないため、藩の首脳陣にはまるで綱渡りをするように細心の注意を払って藩を運営する人材が必要だったわけです。

・先生（常識）を否定する

郷中教育は、「先生」を否定するところから始まります。未だかつて教育と名のつくシステムにおいて、先生の言う「常識」を否定していいとする教育など他にはありません。一般的に、教育とは先生から「常識」を教わるものです。

先生の言うことを鵜呑みにするような付和雷同型の人間はリーダーには不向きと言えます。「異人」タイプで、堂々と思うところが言える人材がリーダーには求められます。薩摩には「義を言うな」という有名な言葉がありますが、「文句を言うな」「口ごたえするな」という意味ではなく、一旦決まったら素直に従えという潔さを説く考え方を意味しています。先輩たちが相手であっても、結論が出るまではとことん意見を言いなさいと説いているのです。

明治維新の立役者として知られる西郷隆盛は、島津久光が公武合体を図るべく上洛しようとした時、「地五郎（礼儀知らず）だ」として計画をストップさせようとします。激怒した久光から沖永良部島に流されてしまいますが、命を懸けて言い切るのがリーダーの資質というものです。西郷が反対した大きな理由は久光に官位がないことでした。まして藩主でもありません（藩主は、兄斉彬の遺言により久光の嫡男忠義でした）。今で言えば、一般人が首相官邸にアポなしで陳情に赴くようなものです。西郷は久光の計略を薩摩藩全体の不利益と考えて直言しています。家を守るという大切な役割を果たすためです。相手にはっきりと理解できる言葉で行動に待ったをかけたのです。

このリーダー像を醸成するきっかけを与えたのは、西郷隆盛と師弟関係のあった島津斉彬でした。主君斉彬は西郷に「藩主（社長）の責任とは、家臣（社員）に道筋を示し、使命（ミッション）を自覚させることだ」と述べています。

・学校教育との違い

郷中教育は、正解が一つではないので思考力が鍛えられます。一方、現代では一つの正解に向けて生徒（学生）たちをリードしていくことが「教育」とされています。現代の教育制度では、正解を一つにしないと点数が付けられません。郷中教育は、正解が一つではないので、「思考力」が鍛えられます。

昨今、大学生から若手社会人まで、おしなべて文章能力が著しく低下していると言われています。スマホ普及も相まって、日本人の「書く力」が年々劣化しているのです。

それは評価される側の問題ではなく、評価する側に問題がある。「正解は一つ」という画一的な教育になっていることが、日本人の「思考力」を低下させていると言えそうです。某上場企業の新入社員の研修担当者によれば、「答えは何ですか?」とたった一つの答えを求める質問が最も多いと言います。思考力低下によって、文章が書けないという問題は、相当に深刻です。

そもそも社会に出た私たちが日々直面する問題の正解は一つではありません。常に複雑な問題の中で私たちは「最適解」を探し、その都度選択しながら生きています。社会に出るとは、無言の中で郷中教育を実践しているようなもので、一つの基準により点数が付けられることはありません。

［第３章］

島津義久・西郷隆盛・大久保利通……
薩摩の英傑たちに学ぶ
実践的、郷中教育のポイント

郷中教育の「僉議」による人材育成

郷中教育のリーダー人材育成で最も有効なのは、「僉議」でした。僉議は、相手の出方を想定して、次の展開での最適解を求める訓練です。どれが正解だとか間違いだということは教えません。訓練は複数の選択肢を通して行われます（本書では4つの選択肢で解説しています）。

この教育法は、薩摩の「専売特許」ではありません。平安時代の貴族の間で行われていたようですが、証拠が残っていません。薩摩において長く続いた理由は、「いろは歌」の「ひ」にあると考えられます。相手（家臣）を思いやる気持ちを持ちなさいという戒めが、「相手が何を考えているのか?」に発展していったように思います。

敵と対峙した時、こちらの出方によって相手も対応を変えてきます。すると、こちらも又選択肢を変えていかないといけません。前もって相手を研究して、どんな考え方なのか、過去にはどんな選択をしているのかも踏み込んで考えて、その上で対応策を考えていきます。僉議での最適解は「勝つこと」ではなくて、「負けないこと（家を守ること）」です。マッキ

僉議の様子
くじ引きで若い番号を引いた者が最初の出題者になった

ンゼー・アンド・カンパニーの調査（2008年）によれば、1800人の経営トップで相手の動きを想定して、次の手を考えている者はほぼ半数だったと報告されています。薩摩の教育が進んでいたことが分かります。

家を守るためならば、「引き分け」でもいいのです。負けさえしなければ、みじめな姿をさらしてもいいのです。ケーススタディを繰り返すことによって、後継者としての発想力、思考力が鍛えられ、ベストな結果の出し方をトレーニングしていたのです。

囚人のジレンマ

僉議を理解する上で、「囚人のジレンマ」が役に立ちます。「囚人のジレンマ」とは、当事者それぞれが最大利益の大きい選択肢を選んだ時、協力した場合よりも悪い結果を招いてしまうケースを指します。この例ではAとBという犯罪容疑者が登場します。2人はある犯罪に関連した別件容疑で警察に逮捕されました。罪を犯した可能性は高いのですが、決定的な証拠がないため2人は別々の部屋で尋問されています。

検事が2人の容疑者（AとB）に司法取引を提示します。Aの立場で考えると、次のようになります。

・Aだけが自白→Aは無罪放免——最善の帰結
・両者黙秘→両者共に懲役5年——2番目に良い帰結
・両者自白→両者共に懲役10年——3番目の帰結
・Aが黙秘、Bが自白→Aは懲役20年——最悪の帰結

AとBの選択肢は「自白するか」「自白しないか」の2つです。

2人共自白した場合には共に懲役10年、2人共自白しなければ共に懲役5年が予想されます。又、一方が自白して他方が自白しなかった場合には、自白した方が司法取引の結果無罪となりますが、自白しなかった方は懲役20年となります。

Aにしてみれば自白すれば最も刑が軽くなるのですが、これはBも同じです。しかし、両者共自白してしまうと無罪にはなりません。AとBの間において協力の約束ができていたとしても、個別の立場では利得が少ない戦略を選ばざるを得ないため、常に裏切りの動機を内包しています。

今日のビジネスシーンでも企業間の競争や取引は全て「囚人のジレンマ」であると言えます。競争のインセンティブ（誘因）を失くす、撤廃する、信頼性の高い制度を作る等、ビジネスの現場では、様々なアイディアを駆使してジレンマの解消を図っています。

郷中教育の「僉議」は、さらに、先輩や上司、同僚、部下が納得するような言動を選ぶ、人望を得る訓練だったとも言えます。人望を獲得するトレーニングを積んだ薩摩藩士が幕末、明治維新に活躍できた理由がよく分かります。最善の結果が出ない限り人望を失います。従ってリーダー人材の決断には慎重さ、丁寧さが求められます。

「僉議」の成果～島津VS徳川３００年人材戦争

名だたる武将である織田信長、豊臣秀吉、武田信玄らは、いずれも後継者を育成できませんでした。その原因は強烈に人望がある人材を複数育成できなかったことにあります。一方で薩摩藩には「代わりはいくらでもいる」と言うほど人材の宝庫でした。

秀吉の時代から幕末まで、約３００年続いた島津家と徳川幕府の攻防を「人材＝人望」という視点で比較してみます。

人望が後継者人材の条件と言えます。今日においても、この視点こそが永続企業を作る必要不可欠の条件です。徳川家と比較することで、薩摩の人材の卓抜さが理解できます。但し、徳川家康が江戸に江戸城（本社）を構え、２６０年間余りの幕藩体制（トラスト）の土台を築いたことは、日本史上稀な人材（創業者社長）であったことに間違いありません。

最初は、豊臣秀吉との対決から入ります。島津義久の幼い頃から身に付けた、「僉議」の思考法が功を奏したと言えます。常に複数の選択肢を考え、最適解の選び方を身に付けた薩摩の戦術を「僉議」します。

・島津義久VS秀吉〜勝たなくても負けない、家を守る戦い

島津義久（1533年〜1611年）は、島津家の16代当主です。優秀な3人の弟（義弘、歳久、家久）と共に強大な家臣群を率いて、朝鮮の役（1592年〜1593年と1597年〜1598年）以前、九州統一を目指していました。豊臣秀吉の「惣無事令」（私戦禁止）を無視して大友宗麟との戦いに明け暮れていたのです。秀吉に対し「成り上がり者！」という気持ちが強かったのかもしれません。面目を潰された秀吉は怒り心頭に発し、20万の兵と2万頭の軍馬を九州に向けました。絶体絶命の場面における義久の選択肢を「僉議」として、4通り考えてみます。

1　秀吉に戦いを挑む↓勝利
2　秀吉に戦いを挑む↓敗北
3　秀吉に降伏する↓許される

4　秀吉に降伏する→許されない（切腹・家名断絶）

20万の大軍に挑んだ場合、義久の敗北は火を見るより明らかです。ここで敗北すれば島津家が滅んでしまいます。降伏するしか選択肢がない状況でした。しかし、降伏しても必ずしも許される保証はありません。

平佐城を陥落させた秀長（秀吉弟）は、義久に対し「命の保証を約束するので、降伏せよ」と出頭を命じました。危機迫る中で義久は、秀吉が寛大に許す可能性に賭けました。信長と異なる「寛容さ」を天下に誇示するために、義久は秀吉が「許す」という可能性に賭けたのです。

義久は、母の菩提寺にある位牌の前で剃髪、「龍伯」として入道（出家）。そして秀吉の本陣がある泰平寺の白洲に敷かれたゴザに黒染めの衣装で権力者の前に正座します。関白秀吉は、ニコニコしながら縁側まで近づいて「進退が慇懃で殊勝だ」と褒め、自身の大小の指物（刀）と小袖を義久に与えました。

家が残れば、いつか再起できます。義久は、惨めな降伏を選び、島津家は生き残りました。「いろは歌」の「楽も苦も　時すぎぬれば　跡もなし　世に残る名を　ただ思ふべし」

を実践したのです。
今でも泰平寺には義久が秀吉に跪き、許しを請うた「和睦石」が残されています。「降伏石」ではないところに、地元民の義久に対するリスペクトが感じられます。

秀吉は文禄の役・慶長の役（どちらも明国征服を目指した戦）に延べ30万の大軍を朝鮮半島に送り、「世界一の軍事力」を見せつけます。鉄砲の数は当時世界一でした。秀吉が誇大妄想に陥っていたと考えるのは誤りです。もし錯乱していたとすれば、家康が秀吉の天下を覆していたはずですが、秀吉が死去するまで家康が臣下の礼を取っていました。錯乱していない証拠として、フィリピンを征服したイスパニア（スペイン）総督に対し、「日本には一歩も入れない。フィリピン（ルソン）を攻めるぞ」と威嚇する文書を4通送り付けています。秀吉は、16世紀当時の世界覇権国に日本征服を断念させたのですから最期まで大変な戦術家だったのです。秀吉の後継者は幼く、育成できずにこの世を去ります（享年62）。

・関ケ原からの脱出

秀吉が没すると家康が天下取りに動き始めました。関ケ原の戦いには義弘（義久の弟）が参陣します。義弘は家康に命じられ伏見城に向かいましたが、家康からの連絡が入っておらず入城が許されませんでした。面目を失った義弘は兵士１５００名を集め、石田三成の西軍に付きます。

三成は合渡川で東軍に攻撃され、島津勢を残したまま大垣城に退却してしまいます。東軍が大垣城北西に陣を敷いたので、義弘はすかさず三成に夜襲を提案しましたが一蹴されました。東軍の隙を突く、夜襲が唯一の西軍勝利の戦法でした。義弘は「三成にリーダーの力量なし」と判断します。

関ケ原の合戦は、巳の刻（午前10時）に家康が出陣したことにより戦闘が開始されています。開戦と同時に西軍のはずの小早川秀秋、脇坂安治、小川祐忠らが裏切って一斉に西軍に襲い掛かり、東軍が最初から有利に戦いを進めました（堀文書）。

俗説「家康が問鉄砲（出陣を催促する）を撃ち込んだ」という一次資料はなく、問鉄砲により「正午過ぎに秀秋が大谷吉継軍に襲いかかった」と言われるのは後世の創作と思われます。

義弘は三成からの攻撃要請を無視して、東軍からの攻撃を鉄砲で防戦します。次々に西軍諸将が戦線を離脱する中、島津軍は一歩も動きませんでした。そして一瞬のタイミングで義弘は徳川本陣を目掛け、何と正面突破を図ります。義弘は勝ちに乗じて追いかける軍勢の強さを十分心得ており、敗走する軍勢が脆いことを熟知したからこそ奇策を用いたと考えられます。義弘は、島津家得意の戦法「捨て奸《がまり》」によって家康軍を翻弄します。この時義弘は「敵に向かって逃げろ」という名言を残しています。

・理念が一致した軍団「捨て奸《がまり》戦法」

「捨て奸」とは、追撃してくる敵陣に対して自軍の殿《しんがり》軍の小部隊をその場に留まらせ、追ってくる敵軍に対して全員が死ぬまで戦う「自決戦法」です。

「我こそが島津義弘だ」と叫びながら敵軍を足止めして戦い続け、全員が討ち死にすると次の殿軍の中から又、小部隊が同じことを繰り返します。相手の進撃を抑え、時間を稼いで本隊の大将である義弘を逃げさせるといった壮絶なトカゲの尻尾切り戦法です。家臣の一人ひとりが「死んでも大将を守る」という覚悟を持たなければ成立しません。大将を必死で生き延びさせ、家名を繋いだのです。理念が浸透していない限り、到底できない行動と言えます。

「いろは歌」の「ゆ」に「弓を得て軍隊の気勢が上がるのも、それを失うのも大将の力量一つだ」とあります。リーダーの心一つで家運が決まるのです。リーダーを失えば、家が滅ぶという考え方が徹底されていたことが分かります。三成が一人で逃げ回り、洞窟で捕縛されたことを考えれば、人望に雲泥の差があると言えます。

再び僉議に倣い、関ケ原の戦いにおける義弘の４つの選択肢を考えてみます。

1　あくまでも西軍として戦う
2　西軍として布陣するが戦わない
3　西軍を裏切り、東軍として戦う
4　敵前逃亡

三成が夜襲の提案を退け、西軍の敗北を確信した義弘は、「夜逃げ」する手もありました。しかし、「敵前逃亡」の誹《そしり》を受けることは必定です。又、東軍に寝返っても裏切り者になります。

そのため、一旦戦場に出てから逃走する選択肢2を選んだのです。戦場に出てから「捨て奸」戦法で逃げることを、夜襲案を拒否された直後に家臣たちに伝えたと考えられます。

意思統一ができたのは、家臣全員が「郷中教育」で鍛えられ、「いろは歌」で理念の共有ができていたからに他なりません。幼少の頃からの長い時をかけた「郷中教育」があったからこそ脱出劇が成功したのです。結局、義弘は命からがら薩摩に逃げ帰りました。

「鬼島津」として勇敢な義弘でしたが、家臣の多くが「この人のためなら死んでもいい」と言われるほどの慈しみ深い武将でした。朝鮮の役では、主従の分け隔てなく暖を取り、島津軍だけが一人も凍死者を出さなかったと言います。義弘は「いろは歌」の「弱いものを労わる」ことを実践しています。又、リーダー人材を失えば「家」が滅ぶという考え方が徹底されたことが証明されています。リーダーを選ぶ家臣側の意識レベルも高かったと考えられます。

逃走劇は負け戦として「薩摩隼人」のプライドをひどく傷つけ、徳川に対する遺恨になりました。現在でも関ケ原敗戦の日に、義弘の菩提寺に参詣することが薩摩の年中行事になっています。大久保一蔵（利通）青年の日記（1848年10月14日）には、「義弘公が、逃げ帰った屈辱の日に歓談にふけるのは国家（薩摩）の罪人だ。今日、我々が安泰で平和な日を送れるのは、義弘公の余得（お蔭）だ」と敗戦日を無意味に過ごす薩摩人を痛烈に非難しています。特筆すべきは、関ケ原の無念さを200年経っても噛みしめる人材を育て続けたことです。

・義久VS家康～戦わずして引き分けに持ち込む戦法

家康は東軍に弓を引いた薩摩を簡単に許すはずがありません。ここからは長兄義久の出番です。義久は、かつて秀吉に剃髪までして降伏した屈辱を未だに忘れていませんでした。

義久の選択肢は次のようなものでした。

1　戦い（ポーズ）を挑む→勝利（引き分け）

2　戦いを挑む↓敗北（家名断絶）
3　降伏する↓島津家存続（国替え、減封）
4　降伏する↓島津家断絶

義久は、秀吉の時のような屈辱を二度と味わいたくないと思っていたので、選択肢3、4は初めから考えていなかったと思われます。全面戦争になれば、敗北する可能性が非常に高い。そこで義久は強気に選択肢1を選び、戦闘なしで引き分けに持ち込む作戦に出ます。

家康は関ケ原の戦の後、西軍大名の処罰を開始します。島津には上洛＝無条件降伏を迫りましたが、義久は「体調が悪い」「金がない」等とノラリクラリと時間稼ぎをします。すでに戦後処理が行われ、上杉景勝は120万石から30万石へ、毛利輝元は112万石から29・8万石へ減封されています。所領安堵状を本多忠勝等の「代理人」名で出しながら、反故にするという狡猾なやり方によって領地を奪っていったのです。

義久は粘り強く交渉を重ね「是非、内府さま（家康）の御名で安堵状を頂きたい」と食い下がり、上洛命令をノラリクラリと長引かせました。義久がこの作戦を取ったことの裏には「自分は家康に好感を持たれている」という感触を得ていたことが考えられます。義久の侍医が秀吉からスパイ容疑をかけられた際、家康は頼みもしないのに（依頼した説あり）秀吉に取り直してくれたことがあったからです。「家康は、島津家を無下に切り捨てない」と義久は考えて「負けない＝引き分け」に持ち込む戦法に出たのです。

・明を巡る攻防

その裏で義久は明国王からの国書を積む徳川の船を薩摩沖で襲撃し、皆殺しにして積み荷も全て略奪しました。明との貿易は薩摩が優先だという強烈な意志を示し、情報は薩摩に筒抜けであることを当該事件によって誇示したのです。家康は、明との貿易を今後も薩摩が阻止してくることを予測します。又関ケ原で発揮された義弘の戦術にも強い警戒心がありました。薩摩と戦うことになれば、長期戦になることは必至であると家康は考えたと思われます。

家康は征夷大将軍に就いていない状況であり、とうとう島津攻めを断念せざるを得ませんでした。義久は、思惑通りに引き分けに持ち込むことができたのです。「負けずに（生き残り）名を残す」という「いろは歌」の成果と言うべき攻防でした。後に「陸軍参謀本部の父」と言われ、日清戦争時に陸軍大将を務めた川上操六により「どんなことがあっても生き残れ」という陸軍中野学校の教育に引き継がれています。

薩摩藩、徳川幕府を倒す

幕末、一気に薩摩藩伝統の「郷中教育」の花が開きました。倒幕するために次々と手を打ち、ボディブローのように徳川にダメージを与えていきます。

・生麦事件（１８６２年９月14日）

有名なこの事件をきっかけに、薩摩藩の「倒幕ショー」が始まります。

「生麦事件」とは、文久2年（1862年）9月14日、武蔵国橘樹郡生麦村（現、横浜市鶴見区生麦）付近において、薩摩藩主島津茂久の父久光の行列に進入した騎馬のイギリス人たちを藩士が殺傷した事件です。1名が死亡し、2名が重傷を負いました。

当時、行列を横切る者を斬り捨てることは、幕府が定める法律により合法と決められていました。薩摩には責任はないと犯人の引き渡しと賠償金支払いを拒んだのです。全ての責任を幕府に押し付け、「頬被り」を押し通しました。

この場合、薩摩には次の4通りの選択肢が考えられました。

1　非を認めない↓幕府の責任として突っぱねる↓英国が幕府の責任追及
2　非を認めない↓幕府の責任として突っぱねる↓英国が納得せずに薩摩を攻撃
3　非を認める↓犯人差出し、賠償金支払う↓英国納得↓家名断絶
4　非を認める↓お咎め↓家名断絶

薩摩の舵取りをしていたのは藩主の父親（久光）です。選択肢の3、4はなく、1で乗り切るつもりでした。覇権を企む薩摩にとっては、強大な武力を天下に示す絶好のチャンスと考えていたようです。久光には、英国の底力を認識するほどの度量に欠けていたことが文久3年（1863年）の薩英戦争に発展した原因と言えます。

この時の薩摩の選択肢は、以下の4通りが考えられます。

1　英国と戦う↓勝利（引き分け）↓賠償金なし↓薩摩存続
2　英国と戦う↓敗北↓薩摩断絶
3　英国に降伏↓賠償金↓薩摩断絶
4　英国に降伏↓賠償金↓薩摩存続

薩摩が英国と戦わずに降伏した場合、「殺傷事件」の非を認めることになります。さらに膨大な賠償金の発生により薩摩の財政を破綻させる危険性がありました。そのため、あくまでも原因は幕府の定法にあると突っぱねたのです。そして薩摩が「戦闘」しなければ不利益を被ると考えた久光は、義久と同様に引き分け作戦を実行します。薩摩藩士の五代友厚が英国と親交があり、いつでも講和（和平）に持ち込めるという目論見があったと思われます。

英国艦隊は薩摩を攻めました。薩摩は反撃し、英国軍の旗艦を集中砲撃し、旗艦の艦長を戦死させます。狙い通りに「引き分け」に持ち込んだのです。さらに英国を味方に付け、「幕府」を共通の敵として協力関係を築くことに成功し、倒幕への大きなステップとしました。

・薩長同盟（1866年3月7日）

薩長同盟は、京都二本松の小松帯刀邸で結ばれました。口約束でしたので、不安になった長州の桂小五郎は、正式文書を後日作成し、立会人坂本竜馬にサインを求めています。談合された場所から考えても、薩摩藩家老小松帯刀が重要な役割を果たしていたことが分かります。

この時、小松の選択肢は、次の４つです。

1　長州と同盟→幕府と戦闘→勝利→薩長政権
2　長州と同盟→幕府と戦闘→敗北→薩摩断絶
3　長州と非同盟→幕府と共闘→長州滅亡→幕府、薩摩を攻撃
4　長州と非同盟→幕府と共闘→長州滅亡→幕府に恭順

小松は、1を選びました。長州征伐の後に同じく外様である薩摩が標的にされることを予期し、長州と手を組んだのです。この軍事同盟によって、倒幕の流れが一気に進むことになります。次期将軍が有力視されていた慶喜が一会桑（一橋家、会津藩、桑名藩）を盾にして、薩摩に牙を剥く前に反幕府に転じたという訳です。そのため、長州が幕府と戦闘状態になった場合、薩摩が援軍を送るという約束をしました。長州と単一組織になることによって、相互の「裏切り」というジレンマを排除し、強固な連合体になったのです。小松の判断が功を奏し、2年足らずで徳川を倒すことに成功します。

小松は、28歳で城代家老を任され、西郷や大久保よりも年少ですが上司に当たる人物です。知名度は低いのですが、薩長同盟や大政奉還で「交渉人」として重要な役割を果たしています。

西郷は小松と初対面の折り、わざと寝転がって小松を迎えました。小松は西郷を叱責せずに「枕をどうぞ」と渡したというエピソードが伝わっています。

西郷は小松の器量に感服し、これ以降指示に従ったと言います。小松が西郷に余裕を見せることができたのは、相手の出方を予想する「僉議」の訓練結果と言えそうです。

・第２回パリ万博（１８６７年４月１日～10月１日）

徳川幕府に対するアクションは戦闘だけではありません。文化的な側面でも薩摩は幕府を敵として先制攻撃をしかけています。

当初フランスが提唱して、ロンドンでの第1回の万国博覧会が開かれました。このイベントは欧米各国の「文化という名の国力」の争いとなり大盛況となります。この威光を薩摩は機敏に察知して利用したのです。

薩摩藩は、佐賀藩と共に１８６７年のパリ万博に出展します。もちろん幕府も出展したのですが、事前に二藩の出展を知らなかった幕府は大慌てとなり、薩摩藩はそのことでも幕府に一撃を浴びせることになったのです。

裏方で動いていたのは五代友厚やモンブランらでした。薩摩藩では幕府よりも2カ月も早く彼らの事前工作によって出展をしていました。幕府が万博会場に到着し、すぐに抗議しましたが後の祭りでした。幕府は仕方なく、自ら「大君政府」と命名して参加します。薩摩は、幕府の要求を呑む格好として「日本」の文字を消し「薩摩太守政府」と両方のメンツをたてることにしました。それを見たフランスの新聞は「日本は連邦政府だ」と報道します。見事に薩摩は、幕府とフランス政府間に風穴を開けることに成功したのです。これを契機に徳川幕府はフランスという後ろ盾を失い、一気に沈み始めていきます。

西郷隆盛の決断～徳川を賊軍にする

・大政奉還（1867年11月9日）

最後の将軍慶喜は、薩摩と長州が同盟を結び、倒幕運動が燃え盛る状勢において、政権を一旦朝廷に返上することを考えていました。薩長に肩透かしを食らわし、倒幕の気勢を削ぐつもりだったのです。政権を朝廷に返したとしても、朝廷には諸外国との交渉能力や警察権等の統治能力が全くありません。朝廷は徳川に政権を差し戻すだろうとタカをくくっていたのです。

幕府は、二条城にて諸藩に大政奉還を通達。朝廷に「大政奉還上表文」を提出します。当日、「討幕密勅」が出されましたが、朝議を通していないため慶喜はすぐに覆させました。西郷隆盛は、慶喜が大政奉還をすることを想定していませんでした。改めて慶喜の老獪さを思い知らされることになったのです。

慶喜は諸藩に大政奉還を通達した日に西周に英国の議院制度について諮問し、民主主義による新たな国家構想を描いていました。もちろん自分が新生日本の盟主になるつもりでした。薩摩や長州等の雑種ではなく、サラブレッドとしての自負があったからです。慶喜は「二心殿（優柔不断）」と揶揄されていましたが、常人には及ばないほどの方針転換の技量を備えていたと考えられます。貴種慶喜をトップの座から引きずり落としたことは郷中教育の卓越さによるものと言えます。

・王政復古の大号令、小御所会議（1868年1月3日）

西郷隆盛らは、一方的に朝廷と幕府の役職全てをご破算にして、岩倉具視を中心とした「新政府」を無血クーデターにより樹立しました。そして徳川幕府の領地（約400万石・朝廷の約40倍）や征夷大将軍等の返上を決定します。しかし、警察権等が簡単には新政府に移行せず、徳川の世が続くかのように見えました。

西郷は当時、300年近い太平の世を眠りから覚ますためには「一度干戈《かんか》（武器）を動かして、天下の耳目を動かして……」と武力によって徳川を倒さなければならないと決意の書簡を岩倉具視に送っています。徳川家が絶大な権限を振るっている限り、統一国家として平等社会を実現することができないと考えていたのです。

最後の手段として、西郷は江戸市中を攪乱に陥れる作戦を開始します。西郷は幕府側の武士たちは必ず挑発に応じてくると確信していました。武士は面目を重んじるからです。

この時の西郷の選択肢は次のように4つありました。

1　幕府を挑発→幕府と戦闘→勝利→薩長新政府・慶喜切腹（謹慎）
2　幕府を挑発→幕府と戦闘→薩摩敗退→薩摩断絶、西郷自身が切腹
3　幕府との話し合い→民主主義へ国体変換→慶喜盟主
4　幕府との話し合い→幕府解体・慶喜引退→薩長新政府

慶喜が「話し合いによって、盟主の座を降りない」ことは分かっていましたので、西郷は1を選択しました。日本史上、賊軍が天皇軍に勝った例は皆無です。唯一足利尊氏が北朝軍として南朝軍に勝利した例がありますが、この時は双方が天皇軍でした。北条義時が

勝利したのも上皇軍であり天皇軍ではありません。承久の変の際、義時に「上皇が自ら兵を率いて錦の御旗を翻してお出ましになった時、どうすれば良いか?」と嫡男泰時が質問に及びました。「兜を脱ぎ、弓の弦を折り、畏まるように」と義時が応えています。鎌倉時代に一般人(武士)が、すでに天皇家に畏敬の念を持っていたことが分かります。天皇軍ではないゆえに上皇軍は「錦の御旗」を翻さなかったと考えられます。あるいは、戦術のセオリーとしてまだ確立していなかった可能性も考えられます。

西郷は幕府を徐々に挑発していきました。

薩摩藩邸を拠点にして約500人の浪士を雇い入れ、彼らに大店に押し入って大金を略奪、放火等、江戸市中の治安を悪化させます。芝・赤羽橋の庄内藩屯所に銃撃、江戸城西の丸を放火するも殺人の指令を出していないところが西郷らしいところです。

この挑発に対し、幕府も反撃、薩摩藩邸を四藩(庄内、鯖江、岩槻、上山)が襲撃、藩邸を焼き、浪士死者41名、162名を捕縛しました。ついに切り札、幕府を「賊軍」として成敗するという好機がやってきたのです。やられたからやり返すという大義名分ができました。そして、鳥羽伏見・戊辰戦争に突入していきます。

新政府軍が、岩倉具視発案のにわか仕立て「錦の御旗」を立てると旧幕府軍の士気が一気に落ちていきます。旧幕府軍が淀城に逃げ込もうとしましたが、旧幕府軍の入城を拒否、静観していた土佐藩も新政府軍に加わります。幕府が信頼していた津藩藤堂家も新政府軍に寝返ります。慶喜が「敵前逃亡」し江戸へ帰還します。西郷はこの報せを受け「勝った」と大きく頷いたと言います。慶喜は「賊軍」にされた時点で敗北を認識しました。勝つ可能性がゼロになったため、大人しく謹慎生活に入ったのです。薩摩が徳川との「300年人材戦争」を制した瞬間でした。

・西郷隆盛のミッション＝統一国家の実現

西郷隆盛が島津斉彬に誓ったことは「統一国家の実現」でした。西郷は薩摩の〈経営理念＝ミッション〉を果たすために最後の力を振り絞ります。倒幕を果たした段階で役割を終了したと考えている人が多いと思いますが、まだやり残したことが2つありました。

1つ目は「廃藩置県」です。

新政府は一旦藩主たちを「県知事」に棚上げ後、「廃藩令」を出します。これは武士の廃業を意味します。武士階級を生産的な労働者にしてしまったのです。従来のように城勤めをしなくていい代わりに武士の俸禄を無くしてしまうという「士族が平等に失業する」という荒療治でした。廃藩置県とは藩主が領地を支配する地方分権から政府が日本全体を支配する中央集権国家への改革なのです。

大久保、木戸らからの「反乱が起きるのではないか」という慎重論に対し、西郷は「拙者が一切引き受け申そう。戦を以って決する」と覚悟を述べています。西郷の存在自体が成し得た国家の大変革でした。イギリスの外交官アーネスト・サトウは「たった一つの勅諭で270余藩を治めて国家統一を果たした例は世界にない。欧州ならば、数年間は戦乱が続くだろう。この大事業は、人力ではない。天祐（天の助け）だ」と感嘆したことを日記に残しています。

2つ目は「西南の役」です。「征韓論」によって、死に場所を失った西郷は、「自死」を決めます。武士たちの不満を一身に背負い、死んでいくという役割を果たすのに相応しいものでした。日本最後の内乱の鎮圧を指揮した参謀長山縣有朋は「果断明快、利害を察し、すさまじい実行力がある。とうてい尋常の人間ではない」と畏怖の念を抱きながら西郷に対峙しています。

・「西南の役」というミッションの場〜西郷自死による、統一国家実現

明治10年（1877年）1月、谷口登太からの報告により西郷は中原尚雄らの帰郷が西郷暗殺を目的としていることを知ります。この時、薩摩は既に「西郷王国」になっていました。内務卿（首相に相当）の大久保にとって、「目の上のたんこぶ」。本来、鹿児島の役人の人事は新政府に人事権がありましたが、それに手が付けられないほど西郷派が鹿児島一帯を牛耳っていたのです。さらに四番目の弟小兵衛から、兵学校の生徒らが弾薬を強奪したことを知らされます。

事件の顛末を聞いた西郷は、「ちょしもたー（しまった）」との言葉を発したと言われます。西郷が死を覚悟した瞬間でした。自分が「朝敵」にされることが分かったからです。

西郷は西南戦争に際して、始めから勝つことなど考えていませんでした。西郷が背負っていたミッションはいかに士族の不満を背負って死んでいくかです。統一国家の実現の使命だけを果たすことを念じていました。そのためには、あっさりと死ぬわけにはいきま

せん。「必死」の西南戦争だったのです。西郷は大久保と自身を比較し「家屋に譬えれば、築造、破壊において甲東（大久保）に優る。しかし、室内の装飾では、甲東（大久保）は天稟（天賦の才能）があり、全く叶わない」（『大久保利通』毛利敏彦著）と大久保の行政手腕を新政府に欠かせない人材として高く評価しています。

・士族らの不満

西郷は、暗殺計画の噂で沸騰する私学校徒に対処するために保養先から鹿児島へ帰ります。帰途、西郷を守るために各地から私学校徒が馳せ参じ、西郷が鹿児島へ着いた時にはかなりの人数が集結していました。

私学校徒は、中原尚雄ら60余名を一斉に捕縛し過酷な拷問を行います。川路大警視が西郷隆盛を暗殺するよう中原らに指示したという、無理な「自白書」を取りました。多くの私学校徒は興奮して暴発寸前となります。

作戦会議で政府との穏便な話し合いをしないことを満場一致で採決します。僉議という複数の選択肢を考えるような冷静さは、どこかに吹き飛んでいました。賊軍にされた焦りが働いていたと考えられます。

3隻の汽船しかないため海路は困難なルートでした。池上四郎が「熊本城に一部を残し、主力は陸路で東京に上る」と主張し、熊本城攻撃が採用されました。西郷は反政府軍の神輿に乗ることを決めていたので、この決定に従います。

新政府軍は、密偵の「報告書」により、西郷軍の極秘情報を掴んでいました。官軍指揮者谷《たに》干城《たてき》は藤崎台（官軍300人を配備）を手薄にして、西郷軍を誘き出す作戦を取ります。西郷はこれに乗りませんでした。この時西郷は改めて谷を評価し、「新政府軍にこんな人物がいたのか」と言ったそうです。新政府に日本の後継者がいることが分かったので安心したのです。

西郷軍は早い段階で負けずに、長期戦に持ち込む必要があります。

この時西郷の選択肢は次の4つです。

1　攻撃する→勝つ

2　攻撃する→負ける

3　攻撃しない→負けない（戦闘続行）

4　攻撃しない→逆襲（負ける）

西郷は戦いを長引かせるために選択肢3を選び、戦闘を続行したのです。

なぜ選択肢3を選んだかと言うと、選択肢1と2の「攻撃する」を選んで西郷薩摩軍が敗れた場合、政府への抗議行動である西南の役があまりにも早く終わってしまうからです。西郷薩摩軍がギリギリまで政府と戦わない限り、武士らの不満が残ってしまいます。又各地で反乱が起きます。西郷以外に蜂起を収束できる人物はいません。統一国家実現への思いが強かったのです。

谷干城の罠を避け、選択肢3の「攻撃しない」で「戦闘続行」を選びます。選択肢4は西郷薩摩軍の早期滅亡になるので選べません。本当に政府に抗議するのであれば船で東京まで行けばいいのです。陸路で熊本城を攻撃する必要性はありません。西郷は自らの「統一国家の建設」というミッションを実行するために、内乱に乗じ、それを長引かせることによって全国の士族の不満を解消させようとします。そのために「死に場所」を選んだと考えられます。「賊徒」として成敗されることによって、ミッションを果たすためでした。西郷隆盛が日本史上の英雄として評価される理由は、英国の支配を逃れ日本の独立を守り、統一国家を実現させたことにあります。随分と痺れる「最後の侍」です。

・大久保利通の西郷隆盛への戦法～西南の役

大久保は、文政13年（1830年）9月26日に城下の下高麗町に生まれます。家格は下級武士でした。幼少期に西郷と同じ下加治屋町に引っ越して郷中教育を受けます。同じ郷中には西郷の他には税所篤や吉井友実、海江田信義らがいました。

やがて西郷と組んで時事を語り合い、西郷が一時失脚した時には輪読グループ誠忠（精忠）組のリーダーとなります。以後、藩主の父である島津久光に抜擢されて藩政に関与するようになっていったのです。碁好きの久光の相手を務め、益々懐に入っていきます。京都に赴いて政局に関わり、公家の岩倉具視らと組んで倒幕に向かって走り出すのです。

どうしても西郷と比較され、陰湿なイメージが付きまといます。実際、佐賀の乱の首謀者である江藤新平の首をさらすなど非情な面を持っていました。明治6年の政変によって西郷隆盛を下野させた大久保は恨みを買い、5年後に暗殺されます。西郷が亡くなった翌年です。島田ら暗殺首謀者は斬奸状に「(現代語訳）国を思う志士たちを排斥し、内乱を引き起こさせた」と西郷らを政府から排除したこと等を暗殺理由に記しています。身体損傷の16カ所の約半分が頭部に集中していたと言いますから、憎悪の激しさが分かります。内務卿時代、大久保が廊下を歩くだけで職員は身がすくんだほどで、少なくとも部下に慕われるタイプではなかったことが窺えます。明治のジャーナリスト福地源一郎（東京日日新聞社長）は、大久保を「北洋の氷山の如し」と冷徹に実行する意志力を評価しています。

大久保は、西南戦争における西郷との対決を次のように「僉議」しました。

1　西南の役鎮圧↓西郷を自決に追い込む↓国体堅持
2　西南の役鎮圧↓話し合い↓西郷引退
3　西南の役鎮圧失敗↓西郷生存↓西郷新政府↓大久保自決
4　西南の役鎮圧失敗↓西郷生存↓西郷新政府↓大久保引退

選択肢3、4は新政府続行のため選択できません。選択肢2の場合、西郷が話し合いに応じることは私学校徒に担がれているためにあり得ません。1を選択し、西郷を自決に追い込むことになります。伊藤博文へ「(先から仕掛けてくるとは)ひそかに心中に笑いを生じた」という手紙を送っていますので、迷いは全くなかったようです。

西南の役に従軍した中井鶴松（当時2等兵）が、激戦地田原坂での上官の訓示を晩年に語った記事が残されています（サンデー毎日・昭和15年4月28日号）。

「皆は、かしこくも天皇陛下の軍隊として、薩摩の賊軍を討伐に来た。絶対に卑怯な真似をするな」と皇軍であることを誇示し、薩摩が賊軍であると断定しています。徴兵制（天皇軍）が敷かれた直後ですが、採用されたら名誉なことだとされました。村から（当時大和国葛城郡三室村・現奈良県御所市）から年100円（米価換算・約100万円）もの大金が貰えたと言います。急遽編成された戦闘経験がほとんどない「ヨチヨチな軍隊」が百戦錬磨の薩摩軍に勝利したのですから、「賊軍」の汚名が薩摩兵士（兵児《へこ》）の戦闘能力を確実に奪ったことが分かります。新政府は戦費に年間予算の約86％に当たる4156万7727円（現在価値約9040億円相当・日本史財政学研究所）を投入して

「天下分け目の戦い」に勝利します。

明治維新期の学識者、福沢諭吉は新政府を次のように痛烈に批判しています。「どんな国を建設するかという明確な方針がないまま、多くの命を奪ったのだから、国賊である」（丁丑公論）冷静な第三者の見方です。明確な方針がないままとは、1871年、維新の3年後にようやく岩倉使節団が外遊に出かけたこと等を指すものと考えられます。

・もし西郷隆盛が現在の首相だったら

もし西郷隆盛が2020年9月、コロナ禍で就任した菅首相（当時）の代わりに首相になっていたら？ というシミュレーションをしてみます。

西郷首相は就任演説で「国民の生命と財産を守るため」にテレビ、ラジオ、動画配信サービス、新聞等で国民に呼び掛けます。決死の覚悟で次のことを断行すると宣言します。

1 「イベルメクチン」を短期間で申請を受理する。

2 ワクチン接種者を増やすために法整備を速やかに実行する。1カ月程度の研修を実施。医師研修生でも接種が可能になるので、ワクチン接種を開始する。
3　医療機関で働くボランティアを募集する。
4　海外からの渡航、日本人の海外渡航を禁止する。

さらに次のような選択肢を想定し、コロナ禍を縮小させ、オリンピック開催に向け全力を尽くします。

	政府	補償	国民の反応	コロナ禍	オリンピック開催	衆議院選挙
1	緊急事態宣言	無	非協力	拡大	実施	過半数割れ
2	緊急事態宣言	有	協力	縮小	実施	単独過半数
3	非宣言	無	協力	縮小	実施	単独過半数
4	非宣言	有	非協力	拡大	実施	過半数割れ

西郷首相は2を選択します。飲食店等に十分な補償を約束し、年内のコロナ禍を縮小す

ることができない場合にはオリンピック開催を中止すると国民に訴えます。国民は西郷首相の実行力に期待し、賛同します。２０２０年末、コロナ禍を縮小してオリンピック開催を宣言します。

菅元首相には、コロナ禍が拡大してもオリンピックを実施する以外の選択肢はありませんでした。

菅元首相は、総裁選挙を先送りにして衆議院解散に打って出るつもりだったと思われます。ところが事前にリークされ、辞任に追い込まれてしまいました。自分の利益しか考えない身勝手なことをした場合、確実に人望を失います。リーダーは結果が問われますので、頭が痛くなる位考えて、手を打たなければならないのです。

「頭の良さ」とは、学歴ではなく良い結果が出せることです。たとえ偏差値が高い大学を卒業しても、良い結果を出すことができなければ頭が良いとは言えないのです。エリートと言われる人物がリーダーとして失敗するのは、「常識」に拘り、最大公約数的なプランを採用するからです。「異人＝変わり者」と言われることを怖れていたらリーダー失格だと言えます。時には逆張り発想が、リーダー人材には必要です。

・大山 巌 国歌制定

大山 巌は軍人としての功績が有名ですが、国歌制定に尽力したことは、あまり知られていません。西欧に留学していたことから、国家の魂を示す歌が必要であるということを知っていました。列強から近代国家として評価されるためには国歌が不可欠だったのです。

1870年、大山は大砲隊一番大隊を率いていた際、鼓隊員に英国公使館軍楽隊長ジョン・ウイリアムズ・フェントンの下で伝習指導を受けさせます。

フェントンは、天覧（天皇御覧）演習には、国歌が欠かせないと伝習小頭を通じて大山に提案します。彼は歌詞さえあれば、作曲は自分がすると申し出ます。大山は早速、薩摩琵琶「蓬莱山」の次の一節を歌詞にしようと動き出します。「蓬莱山」の作者は、「いろは歌」を著した島津忠良とされています。

君之代者　　　きみがよは
千代于八千代于　　ちよにやちよに

微小砂石之　さざれいしの
盤巌興成而　いわおとなりて
苔之結迄　こけのむすまで

この時の大山の選択肢は、次のように4つありました。

1　薩摩琵琶採用→薩摩に反発→薩摩威信低下
2　薩摩琵琶採用→薩摩に賛同→薩摩威信高まる
3　薩摩非関連・特定地域歌詞採用→当該地域評価高まる
4　薩摩非関連・古典歌詞採用→薩摩の評価変わらず

近代国家として生まれ変わるチャンスとして、2を選択します。薩摩に関連した歌詞を国歌にすれば、薩摩の評価が高まると考えたのです。但し、歌詞が良くなければ、反発が予想されます。薩摩に関連しない歌詞、あるいは古典からの採用では、薩摩の文化レベルをアピールすることは不可能でした。古今和歌集の原歌では、「君」は「あなた」あるいは「主人」を意味する言葉でした。大山は、天皇の治世として「君が代」を推したために多くの人たちが賛同します。大山は、国歌制定をリードし、薩摩の存在感を高めることに成功します。

・**東郷平八郎と日露戦争**

東郷平八郎は、弘化4年、西郷や大久保と同じ下加治屋町に生まれています。東郷が歴史に名を残すことになった日露戦争における日本海海戦のことを「僉議」します。日露戦争に日本が勝利した最大の要因は、海軍が取った「丁字戦法」ではなく、バルチック艦隊の航路を東郷が読み切ったことにあります。日本国の勝敗に関わる大事に「僉議」教育が活かされました。次の4つのルートから「対馬ルート」を選択します。

1　津軽海峡ルート　ロシア軍遠距離→ロシア軍の燃料が続かない→戦闘勝利
2　宗谷海峡ルート　ロシア軍遠距離→ロシア軍の燃料が続く→戦闘敗北
3　対馬ルート　ロシア軍最短距離を通る→日本軍の少ない戦力を集中できる→勝利

4　上海停泊　　　相手が来ない→戦争長引く

・**日本海海戦（1905年5月27日）**

海戦の前日、バルチック艦隊から分離した補給船6隻が上海に入港したとの情報が東郷平八郎に入ります。東郷はバルチック艦隊が対馬海峡を通るルートを選択したことを確信します。バルチック艦隊は遠回りとなる津軽海峡ルートや宗谷海峡ルートを選択すると、燃料不足になる可能性が有り、ウラジオストクに到達できないからです。東郷は対馬海峡に近い鎮海湾において、直ちに出港できる状態で連合艦隊所属艦を待機させ、バルチック艦隊発見の報を待ちます。

海戦の当日、五島列島から74㎞離れた海域で哨戒活動をしていた仮装巡洋艦・信濃丸がバルチック艦隊を発見しました。敵艦隊が刻々と迫ってくる危機一髪のところで旗艦三笠はT字戦法、敵前で大胆な正面転換を開始しました。T字戦法は、相手の懐に一旦入り込むので捨て奸戦法と同様、薩摩らしい捨て身の戦い方です。激戦の末、翌朝日本の艦隊は無事を確認。ロシア軍の艦隊が降伏の国際信号旗と日本国旗を揚げてきました。

焦らずに劣勢を退け、勝利ができた要因は、戦争直前10日間の猛特訓にあったと言います。小銃弾を発射して行う大砲照準の稽古を1年分に相当する3万発発砲、射手全員が百発百中の自信を持ってロシアに挑んだのです。実際の場面を想定した訓練が実を結びました。

・川上操六　陸軍中野学校のモデル

川上操六は、「陸軍参謀本部の父」と言われた薩摩出身の陸軍大将です。日清戦争で第一軍総司令官山縣有朋が独断専行し、清国軍に先制攻撃をかけた際に「おやじ老いたり」と参謀総長に進言、勅命によって山縣司令官の任を解き、帰国させたというエピソードがあります。枢密院（天皇の諮問機関）議長に対しても物申す薩摩人らしい軍人です。彼は薩長の派閥に拘らず、福島安正、明石元二郎、宇都宮太郎等、日露戦争における情報戦術に活躍する人材を抜擢しています。彼らは日英同盟成立の約半年後に締結した「日英軍事協商」の中心になり、英国観戦武官22人とのパイプ役を務め、インド方面からのロシア陸軍の動向等の情報を全面掌握する任務を果たしています。情報とは敵情報告のことであり、日露戦争は情報戦の勝利だったのです。川上の選択肢は次のようになります。

1　明石らを幹部に抜擢→情報力強化→日露戦争勝利
2　明石らを幹部に抜擢→効果なし→日露戦争敗北
3　明石らを抜擢しない→変化なし→日露戦争敗北
4　明石らを抜擢しない→弱体化→日露戦争敗北

明石らの抜擢は、見事に功を奏しました。リーダーの明石大佐は「謀略は誠である」として、ロシア皇帝に反抗する不平党諸派と心を通わせ、奇跡的な攪乱工作を実現しています。命がけで一緒に戦うという「真心」がロシア人に通じたのです。北朝鮮工作員の外貨獲得活動を「謀報事件」に認定したという報道（読売新聞2022年1月4日）がありました。日本の「誠」精神は、味方の振りをして相手をダマすという手法とは明らかに異なります。

中野学校は、「謀略は誠である」ことを学校の魂として教育を施しました。明石元二郎の日露戦争報告書「革命のしおり」が教科書になり、英雄視されています。

1974年3月12日、フィリピン・ルバング島から小野田寛郎少尉が生還しました。横山静雄中将の「3年でも5年でも頑張れ、必ず迎えに行く」という言葉を信じ、30年間戦闘状態を保ち続けたのです。

「誠」心は当該校の教官であった山本舜勝によって、陸上自衛隊調査学校の対心理情報課程（1959年）に伝わっています。外国語に翻訳しづらい「誠」は、脈々と自衛隊員の心に宿っているのです。

［第4章］

郷中教育を現代に活かす
自身を超える後継者を育てるには――

経営理念の設定

いよいよ終章です。最後は、具体的な後継者採用、育成法について考えていきます。

読者の大半が経営者の方々だと思います。2020年、中小企業の3分の2が後継者不在の状況にあります。本書では会社を引き継ぐ人材を必要としている会社のみに絞って、進めます。

「郷中教育」に見られるように「リーダー人材」が「リーダー人材」を育てる訳ですから、そもそも一定レベルに達していない経営者を「リーダー人材」と呼ぶことはできません。100億円売り上げを挙げたところで、「リーダー人材」であるとは、限りません。問題は、世の中を良くするために何をしたのか（するか）ということなのです。

あなたの会社に「経営理念」が無ければ、後継者を引き付けることは不可能です。魂が無くては、会社を継続発展させることは困難と言えます。薩摩藩の「いろは歌」のように会社が存在する理由を完璧な内容ではなくても、明確にする必要があります。松下幸之助は、会社に最も大切なものは経営理念だと言います。「会社をどういう方向に進め、どのような姿にするか？　様々な案件を判断する根拠は、常に経営理念に照らさなければいけない。『経営の神様』は、体験からにじみ出た、人生（世界）観によって、経営理念を作るべきだ」と説いています。又、「必要なものを提供し、利益を出すことを恥だと思ってはいけない。人の役に立つ『商人』になることにプライドを持ちなさい」と言っています。松下電器（現パナソニック）の企業理念は、「会社は社会の公器」であるとし、社会の発展に寄与することだとしています。当該理念に沿って、松下は「物を作る前に人をつくる会社だ」と公言し、共鳴する人材を採用したのです。

スノーピークという会社は、企業理念によって、見事に東証1部上場を果たしました（2015年）。事業目的を「オートキャンプ文化を世界に広めることだ」として、企業理念を「自然指向のライフバリューを提案し、実現する、グローバルリーダーになる。自らユーザーと同じ立場になり、お互いの感動体験を提供する」と分かり易い言葉で表現しています。年2回、社員総会を開き、トコトン話し合い、「経営理念」を微修正しています。300人の社員全員が現役キャンパーなので、理念によって人が集まってくるということを証明しています。

・はじめに経営理念ありき

コロナ禍にあって先行きが全く見えないこの時代に、企業をリードしていく後継者の具体的な育成法を「郷中教育」の観点から考えます。逆説的になりますが、現在の社長自身がリーダー人材としてふさわしい人であるかという視点がまず必要です。

「郷中教育」では、郷中に集まる子供たちは自ら手本となる年上世代（ロールモデル）を選びます。次代のリーダー人材が現在のリーダーの背中を見て成長していくのです。

今、リーダーである経営者自身がロールモデルになり得ているのかを考えることが大切です。現在の日本経済を支えている60代の経営者は、「大量生産・大量消費」時代を生きてきました。同じやり方を次代のリーダーに受け継いだら企業は次の時代に生き残ることができません。

現在のマーケットから企業は、「少量多品種生産（サービス）」という多様性が求められ、環境や労働問題を含めた企業の持続可能性が何よりも問われています。

その変化に自分が適応しているのか？　現代の「最適解」となっているのか？　後継者育成を考える時にはこの視点が外せません。今の時代に適合できていないと感じるなら、後継者教育の最前線からは外れるべきです。

「いや、オレは10億円企業を一代で築いた」等と胸を張る人がいるかもしれません。立派なことではありますが、過去の成功体験が次代を担うリーダー人材のロールモデルであるとは限りません。

問題は、次の時代に適応したリーダーなのかという視点です。言い換えれば、「社会を良くするために何をするか」が見えているかということなのです。

これがなければ、次代を担う後継者人材をあなたの企業に引き付けることは不可能です。ロールモデルがなければ「郷中教育」は成立しませんし、経営理念が無くては会社を継続発展させることは困難と言えます。

経営理念を表現する方法として、薩摩藩の「いろは歌」を示しました。平易な言葉で、会社が存在する理由を明確にする必要があります。それを繰り返し、次代のリーダー候補と口ずさむことがポイントです。

会社をどういう方向に進めて、どのような姿にするか、様々な案件を判断する根拠は常に経営理念に照らさなければいけません。例えば、Amazonは「地球上で最もお客様を大切にする」と行動指針を掲げています。それに従い、期限切れや法外な値段で暴利を貪るような不正行為にブレーキをかけています。ライザップは「『人は変われる。』を証明する」という企業理念を掲げています。経営者の人生観がズバリと表現され、非常に分かりやすいものになっています。

・経営理念の作成法

他社の企業理念が立派に見えてしまって、どのように経営理念を作っていいのか全く分からないという経営者もいると思います。難しく考える必要はありません。

「どのような目的により、どんな価値を提供し、どのような将来像（ビジョン）を目指すのか」を文章にすればいいのです。

例えば、アデランスグループの最大使命は「毛髪、美容、健康のウェルネス産業を通じて（目的）、世界の人々に夢と感動を提供し（価値）、笑顔と心豊かな暮らしに貢献することです（ビジョン）」と経営理念を明示しています。食品スーパーならば、言葉を入れ替えて、「安心安全な米、野菜等の販売を通じて（目的）、安心できる食生活を提供し（価値）、心豊かな社会の実現を目指します（ビジョン）」としてもよいでしょう。

他社の理念を参考にすることに問題はありません。但し自分の言葉に置き換えて、納得いくまで修正を繰り返し、日々の経営の土台になる経営理念を作り上げることが重要になります。理念さえできれば、共鳴者が現れます。貴社の門を叩く人が多くなるはずです。

ホンダの創業者である本田宗一郎は、パートナーになる藤沢武夫と毎日のように話し合いの場を持ったと言います。経営者は、リーダー人材（後継者）と骨の髄まで語り合うべきです。宗一郎は、「人間を研究しない限り、いい商品はできない」という言葉を残しています。

・JAL再生物語

JAL再建を通して、経営理念、後継者選びについて考えていきます。2010年2月1日、稲盛和夫はJALの会長に就任します。「南洲翁遺訓（以下、遺訓）」を胸に「私利私欲」ゼロパーセントで、JALを正常な飛行に変えていきます。

政府からJAL再生の要請を受けた時、4つの選択肢がありました。

1　引き受ける→成功→社員3万2000人幸福
2　引き受ける→失敗→晩節を汚す
3　断る→世間の批判を浴びる
4　断る→世間は冷静に受け止める

負債総額2兆3000億円超のJAL再建は、相当困難であることが予想できました。1998年に2000億円の負債を抱え倒産した三田工業を再建し、京セラのグループ企業にした例がありますが、負債の桁が一桁違います。社員3万2000人の労組は複数存在し、改革に向けて真っ向から抵抗してくるのは火を見るより明らかでした。

もし、再建に失敗すれば今までに積み上げてきた国内外の評価は地に落ちます。再建依頼を断るべきだという反対意見も当然あったはずです。しかし、稲盛は火中の栗を拾ったのです。多くの社員の雇用を守るため、又日本経済に悪影響を与えないために、「再建する」道を選択します。西郷隆盛が倒幕し明治新政府を樹立した時のような「良き世の中を作る」という信念が共通しています。

着任2日目には、早くも羽田空港を訪問しています。当時の大西社長が全員を集めようとすると、「私から、一人ひとりに挨拶する」とオフィスの机の間を巡回し「大変ですが、私も頑張りますから、一緒にやっていきましょう」と声を掛けていきます。席を立とうとする者には手で制しながら「邪魔をしてごめんね。仕事を続けてください」と笑顔で対応しました。

大手企業の会長は、広過ぎる会長室を構えてそっくり返っているイメージがありますが、大方の予想を裏切りました。20年近く秘書を務めている大田が同行していましたが、「そこまでやるのか」と社員たちは目を見張ったと証言しています。何気なく非凡なことをするのが、超一流の流儀というものです。小さな人物が偉そうに振る舞う場面に何度も遭遇したことがありますが、英傑の言動を見習えと言いたくなります。

稲盛が最初に取り組んだのが「リーダー教育」でした。役員、企画部、将来の有望社員等が集められ、総勢52人でスタートしました。1回60~85分の講義、直後の懇親会がセットでした。全体に網をかけ鯛を引っ張りあげる方法です。

倒産したにもかかわらず、運航をストップせずに会社更生に入っているため、彼らには潰れた会社という意識が薄かったと言います。各部署の年間予算は必ず年度末に使い切るというような「お役所」的な経理がまかり通り、利益を出すという民間会社としての意識に欠ける集団でした。稼ぐという考えが毛頭なく、近場でも歩かずにタクシーを平気で利用するというコスト意識に欠ける社風だったのです。アメーバ経営を導入し、採算表によって鉛筆一本を大切にする仕掛けで、ＪＡＬは生まれ変わっていきます。

〈後継者育成〉

リーダー教育は、1カ月で15回、事前学習、事後学習、報告書も提出するという徹底ぶりでした。「こんなことに時間をとられたら安全な運航ができない」と陰口もありましたが、回を重ねる度に熱気を帯び「自分たちは本当に間違っていた」と素直な感想が聞かれるようになっていきます。

最初の懇親会では、稲盛に近づいていく社員がいませんでした。警戒心が強かったことが想像できます。ついに3回目の懇親会の席で「私たちは間違っていました。会長の教えを始めから受けていれば、ＪＡＬは倒産なんてしなかった」と企画部の社員が立ち上がり、涙ながらに反省の弁を述べます。企画部は、東大を始めとする超一流大学の出身者が占め、経営方針を決め指示を出す部署でした。この賛同アピールが功を奏して、すっかり流れが変わっていきます。

〈「JALフィロソフィ」の策定〉

この後、リーダー教育の参加メンバーが中心となり「JALフィロソフィ」の策定に取り組みます。運航、整備、客室、空港、貨物等の各部門の現場から10人が選ばれました。経営破綻から1年後、意識改革を目的とした「経営理念＝行動哲学」が発表されます。日々の行動が「JALフィロソフィ」のどこに繋がるのかを考える習慣となり、モチベーションが急激に高まっていきました。

2010年3月期（2009年4月〜2010年3月）には1337億円の赤字が、2012年3月期（2011年4月〜2012年3月）には2049億円の黒字となり、驚異的なV字回復を遂げます。「世界一やる気に満ちた会社にする」という意識改革がわずか1年で成果として現れたことになります。そして、会長就任後2年8カ月後

（2012年9月19日）には再上場を果たしています。稲盛和夫の面目躍如です。

JALの企業理念は、「全社員の物心両面の幸福を追求し、一、お客さまに最高のサービスを提供します。一、企業価値を高め、社会の進歩発展に貢献します。」です。具体的な行動指針が「JALフィロソフィ」ということになります。当該指針（哲学）を掲げた理由を「同じ価値観によって判断し、行動をすることで全員が統一感を持った最高のサービスを提供するため」としています。経済的な安定と仕事のやりがいを一体化させ、心底「JALの一員として働いて良かった」という人生を追求していくと宣言しました。

行動指針の根幹は、「成功の方程式」でした。「考え方×熱意×能力」の3要素の掛け算によって人生（結果）が決まるという稲盛イズムを明記しています。能力は、持って生まれた才能と日々の努力によって作られます。熱意は、真剣に取り組む時間に比例して高まる傾向にあります。点数にすると、能力と熱意は1点から100点まであります。考え方だけがプラス100点からマイナス100点まであります。従って、考え方が間違っていた場合にはマイナスになり、世の中に悪影響を及ぼすことになるということです。良い結果を出すための判断基準を「美しい心」として「世のため人のため」に「誠を尽くす」決意が述べられています。「私利私欲」を捨てた、最後まで諦めない遺訓の如き表明です。

〈リストラ策〉

稲盛が示すリストラ策に対し、17年間DC-10、ボンバルディアCRJ200等の機長を務めた運航本部長植木義晴は「安全が大事ですか、利益が大事ですか」と食い下がります。

稲盛は「両方だ。安全なくして会社は存立しない。安全は一番大事だ。大事な安全を守るためにはお金が掛かる。だから、安全を守るためには、利益を生まないとダメだ」と説得します。そこで植木は釘を刺します。

「これだけ大規模なリストラは、会社始まって以来です。社内にアンテナを張り巡らしてありますから、私が無理だと思ったら、全便を直ちにストップさせて頂きます。安全のためです。了承してください」

稲盛は、目をつぶり腕組みをしてから「植木君の言う通りにする」と了解したと言います。背広組ならば、植木のように腹をくくった発言はできなかったかもしれません。命がけで空を飛ぶ操縦士ならではのストレートな発言でした。

植木曰く、「偉大なＫＹ」でなければ改革を断行できないと言います。敢えて「ＫＹ＝空気が読めない」を装うところに逞しさを感じさせます。

〈後継者指名〉

２０１２年2月15日、稲盛は、新社長に植木を据えました。定期便の航空会社では、日本初となるパイロット出身の社長です。経営トップが東大卒の学歴エリートから、航空大学校卒で現場上がりの人物にバトンタッチされました。稲盛は、命がけの「ＫＹ人物」が後継者にふさわしいと考えたのです。

情熱〜「天職」とは何か？

リーダー人材を採用、育成するに当たって松下幸之助が強調していることがあります。それは、事業への情熱です。松下幸之助は著書『社長になる人に知っておいてほしいこと』において、情熱を社長の第一条件に挙げています。松下電器にたとえ何万人の社員がいても、自分こそが事業に対して最大級の情熱を持っているという自信がなくなった時、経営トップの座を「自ら去る」と言い切っています。熱意のない者がトップの座にいてはいけないと断じているのです。

「社長だから仕事に情熱を持とう！」と機械的にモチベーションアップできるほど人間は単純ではありません。そこで、筆者の体験を通した、最も情熱を注ぐことができる仕事のテーマを定める方法を紹介します。

・18歳までのインパクト体験こそ情熱の源泉

18歳の誕生日までに自分の身に起こった最もインパクトが強い、ショッキングな出来事を思い起こしてください。西郷隆盛の例で言えば、12歳の時の「右腕の損傷」がインパクト体験であり、人の痛みが分かる人間に成長できた出来事と言えます。

感受性は判断力と反比例の関係にあり、18歳を過ぎると鈍くなる傾向があります。感性が鋭い時期に最も心が動いた事件をピックアップすれば、それが事業への情熱に直結する確率が高いのです。ミッションの自覚は、情熱の出所を発見することから始まります。

２０２１年、プロ野球の往年の大スター長嶋茂雄が文化勲章を受章されました。現在60

歳以上の元プロ野球選手はほとんど例外なく、彼のプレーに魅せられてプロの道を目指していきます。当時の長嶋選手の活躍は、まさに比類なきものでした。

ヘルメットが飛び去り、身体がちぎれるほどの迫力でスイングをします。ヘルメットを飛ばす練習をとことんやったという位のショーマンでした。フォロースルーで手のひらをひらひらと蝶のように舞わせるスローイングは絵になりました。どんな打球にも果敢に飛び込み、捕球して送球した後はマウンドに駆け込んでしまうほどの躍動感があったのです。

全てのプレーに圧倒的な技術と人々を魅了するアクションを備えた不世出の選手でした。「ミスタープロ野球」のプレーを少年期に見たインパクト体験は「プロ野球選手になりたい」という情熱（動機）にストレートに繋がります。長嶋茂雄自身は、10歳の頃後楽園球場で観た「ミスタータイガース」藤村富美男選手のプレーに感動して、プロ野球選手を目指したと言います。

・祖父の死が契機となった「再生」

筆者の少年時代においては、小学5年生の時に祖父が自殺したことが最大級にショッキングな事件でした。祖父は、ある日突然農薬を飲んで自殺を図ったのですが、それに気づいた父たちは慌ててヤカンで口から水を飲ませ、農薬を吐かせ続けました。幼い私は、その様子を目の前で目撃してしまったのです。父が祖父の背中をさすりながら「オヤジ！」と叫んだ声が今でも脳裏からは離れません。祖父はこの世を去ります。自害の原因は、連帯保証の悲劇でした。

ある日突然、裏山がブルドーザーで切り崩される事件が起こります。祖父は、娘婿が経営する不動産会社の連帯保証人になっていました。今では、債務者を保護するために連帯保証制度が改正されていますが、当時は「債務者が返済できなくなったら有無を言わせずに連帯保証人の財産からその債務分を取り上げていい」という非情なものでした。所有する家屋、山林、畑等が次々に担保物件になっていったのです。祖父は代々受け継いできた資産を自分の代で無くしてしまうことの責任を取って、自ら死を選んだのです。

当時テレビで放送されていた「次郎物語」のように、家財に赤札が次々と貼られ、住む家がなくなってしまうのではないかという恐怖心を味わいました。幸い、母方の祖父が農業を続けるだけの畑を買い戻してくれたので、農業を続けることができました。一連の出来事は、多感な10代の心に深く傷跡を残したのです。

損失体験の恐怖心から、「再生」することに興味と関心を持つようになります。例えば、一度死んだ人間がアニメ「エイトマン」のようにこの世に蘇るようなストーリーに心が奮えました。筆者はやがてサラリーマンを経て経営者になり、企業再生に全力投球することになります。そして、ビジネス人生の総決算として「後継者育成」にありったけの情熱を注ぎます。

・経営理念の自覚から学校再生へ

経営理念が本格的に自覚できるようになったのは40歳直前でした。大学卒業後、雑誌社に就職するも営業の大切さを痛感し、将来の独立に向けて「飛び込み」「ルート」「談合（非公式）」と営業畑を渡り歩きました。いくら営業をしてもその仕事に情熱が湧くことはなく、低空飛行が30歳まで続きます。やる気が無いので、最低限の仕事しかできません。クビ寸前、恥ずかしい位のダメ社員だったのです。独立に直結する仕事とは思えず、常に力を蓄え、ブレーキをかけていました。サラリーマンが全力を尽くすなんて無意味だと考えていたのです。

30歳から旺文社系列の学習塾に勤務し、運よく旺文社販売代理店として独立を果たします。営業力が評価されたのでしょう。すでに36歳になっていました。昼間は私立高校を中心に営業に回り、4時から塾（旺文社ゼミ）に戻って授業をするという二足のわらじを履きました。ついに3年後、「教材（通信教育）を採用したいが、担当する先生がいないので、先生と教材をセットにして販売して欲しい」という待望のオファーがあったのです。

当該高校は、当時は典型的な就職校で、過去の有名大学進学者は法政大学1名という、ほぼ進学実績ゼロ状態でした。時代背景（平成7年）として、進学校に切り替えていかなければ生き残れないという状勢でした。学校側としては、藁にもすがる思いで衣替えの決断をせざるを得なかったのです。

教員免許が無い外部講師が学校内で授業をするわけですから、存在を否定された教職員組合から猛烈な反発がありました。理事長の英断によって「学校内予備校」（平成8年）がスタートします。学校内予備校は、学校内に予備校を設置するわけではなく、正規授業以外に大学受験の授業を別枠で実施するというシステムです。筆者も含めて、塾講師や予備校講師の大半は教員免許を所持していないため、正規授業ができないのです。そこで、予備校講師による「ライブ授業」を午前中に正規授業としてカウントしないで行う常識外れの手法となりました。もちろん午前中の正規授業は放課後の時間帯に繰り下げてカリキュラムを編成しました。英語、国語（現代文、古文）の2科目3教科からのスタートでした。導入初年度は、1年1組を「特進コース」として、新卒教員のみで授業を担当させるという何から何まで新規尽くめでした。

学校再生がミッション

着任当初、女子生徒たち（1年生）の愚痴話に遭遇します。2人の生徒が昇降口でだるそうに座って話をしていました。1人の生徒が「こんな学校、卒業して意味あるのかな?」と切り出すと「しょうがないよ、県立落ちたんだから」ともう1人の生徒が応じます。「特進コースの子たちって大学に入るクラスらしいよ」と言うと「1人でもいいから有名な（偏差値の高い）大学に入れば、（評判になって）頭のいい子が入って来るかもね」と特進コースの生徒たちに期待していることを言ったのです。彼女たちは、学校の偏差値レベルが低いためにプライドが持てません。それが、卒業することに意味があるのか？という疑問に繋がります。この時「プライドが持てる学校に必ず変貌させる」と固く決意したことを昨日のことのように覚えています。

水を得た魚になった私は「学校再生」の仕事に打ち込んでいきます。特進コースと言っても偏差値50（平均値）レベルの生徒22人での船出でした。幸運なことに1人だけ偏差値が高い生徒が入学していました。筆者の担当する現代文では、助詞と助動詞の違いを即答する等飛びぬけていたのです（偏差値50レベルの子には普通答えられない問題です）。聞いてみると「欠席が多く、県立を受けることができなかった」と言います。「掃き溜めに鶴」とは、この生徒のことだと思いました。この生徒が3年間で順調に成績を伸ばし、MARCHレベルの大学に合格し、特進1期生の合格実績が出たのです。2年目も同じく、欠席が多くて県立上位校を受験できなかった生徒が国立大学（旧一期校）に合格します。3年目以降も合格実績を着実に出すことができました。こうして就職校だった高校を23年間で埼玉県内私立高校トップ3のランクまで躍進させることができたのです。学校全体が一丸となって、受験指導に取り組んだ結果だと考えています。

・適職の決め方——天職で「社長」する！

「学校再生」という仕事に情熱を傾けられた要因を考えますと、仕事の選び方が重要だったように思います。そのため、18歳までに経験したショッキングな出来事を思い起こして欲しいのです。なぜなら、そこに仕事に熱中できる源泉があるからです。

筆者が従事した私立高校や塾、予備校の多くの教師（講師）から小学校、中学校、高校のいずれかでインパクトを受けた先生がいたと聞いています。「良い影響を与えられる教師になりたい」という動機は、いずれも10代の体験から芽生えるケースがほとんどです。いわゆる有名人たちもほぼ例外なく10代におけるインパクト体験が基になって一つのことを極めています。例えば、佐藤 健は、10歳の頃にテレビ放送された「ＴＲＩＣＫ」の主演俳優阿部 寛に強烈に魅かれたことを俳優になった動機だとしています。逆に言えば、18歳以降はインパクトが感じづらくなるとも言えます。

仕事を選ぶ際、例えば本が好きだからと「書店」に勤めても情熱は湧きません。本を扱う書店員のような仕事に情熱を発揮する人は本好きとは限りません。「整理整頓・キレイ好き」なタイプと言えます。開店時と閉店時では本の位置が変わります。客が元の棚に戻さないからです。書店員には「片づけこんまり®」（近藤麻理恵）のような人が最適なのです。彼女は中学3年生の時に『「捨てる！」技術』（辰巳 渚著）を読み、大衝撃を受けたことを明かしています。高校生以降、「片づけ」に没頭し、独自に研究を重ねていきます。今では活躍の場を米国に移し、動画配信サービス「KonMari～人生がときめく片づけの魔法～」は世界190の国と地域に配信されています。彼女は片づけの動機を「ときめき」としています。こんまり流に考えると、書店では「片づける」ような仕事に「ときめき」を感じることができなければ、情熱を発揮できないということになります。

このように仕事の本質を考えていかない限り、天職を選び、社長業を成功させることは不可能と言えます。強くモチベーション（熱中）を傾けられ仕事を自覚している人材を採用することが大切です。

〈さらに3条件〉

1　好きで得意なこと

2　社会的なニーズがある
3　条件が整っている

さらに社長業には、情熱に加えて3つの条件が揃った仕事を選ぶことが大切です。どの条件が欠けても成功は難しくなります。例えば、読者の会社が車の販売店だとします。社員募集に「車好き」ならば問題ありませんが、「読書好き」の人が応募してきたら採用を控えた方が無難です。「車好き」の本質は、「移動することが好き」な人です。動かずに黙って本を読むのが好きな人は、車関連の仕事に情熱を発揮することは困難です。「車＝動」と「読書＝静」は、ちょうど真逆になるからです。本好きであっても「旅行＝移動」好きであれば、まだ採用の余地があります。この本質論は、モノサシとして覚えておくと役立ちます。

「好きを仕事に！」という考え方は非常に分かりやすいのですが、社長業は好きなだけでは務まりません。歌うことが好きだったココ・シャネルは、売れない歌手のままでは世界的なブランドを築くことはできませんでした。文章を書くことが好きだったナポレオンも無名の小説家で終わっていたかもしれません。

心理学には、情熱はかけた時間に比例する「グロウス・パッション」という考え方があります。本書で紹介しているのは、あくまでも後継者として成功する確率の高い選び方です。絶対的なモノサシだと断定するものではありません。

筆者は、学校再生に実績を残すことができました。成功の条件は、情熱を前提とする「好き、得意×ニーズ×条件」の3つです。この掛け算が最大値にならない限り、事業を成功させることは難しくなります。

筆者が教えることが①好きで得意（予備校講師、教員の授業をコーチングできる）、②私立高校の合格実績アップ（塾や予備校と同様に合格実績により、生徒が集まる）という私学ニーズ、③埼玉県で最も交通至便な立地条件、学校側の必死さ等の3条件が満たされていたことが成功の要因でした。3条件のいずれかが欠けていたら、成功することはできませんでした。

・社長の教養　日本の国家理念・「天皇制・和の精神」

日本の経営者として、日本の「お国柄」を知ることは非常に重要です。西郷隆盛も「先ず、日本の成り立ちを知るべきだ」と言っています。

日本の国家理念に相当するのは、聖徳太子が制定した「十七条の憲法」と言えます。「和を以て貴しとなす」は、1400年余り経っても日本人の心に「和の精神」が根付いています。オリンピックでは野球や陸上のリレーといった団体競技等に「チームワーク」が遺憾なく発揮されています。聖徳太子不在説を主張する人がいますが、名前に拘る必要はなく、「十七条の憲法」を制定した人物がいたという事実を分かっていればいいのです。

日本の「お国柄」は、天皇制を抜きにして考えることができません。日本の天皇という存在は、中国のように奪取や放伐で勝ち取るものではなく、神武天皇から126代続く安定した揺るぎのない地位です。万葉集、古今和歌集のような歌集を始め、漢詩、仏教美術、書道、音楽等全ての日本文化は、歴代天皇によってリードされています。日本では、中国のように「更地」になるような断絶は起こりません。天命を失えば、蒙古民族が「元」として支配したり、満州民族が「清」として王朝を樹立したりする。伝統芸能等も含め、一切世襲を認めません。誰にでも「中華ドリーム」のチャンスがあるという一種の平等思想が中国人の特有思考です。中央で王権を奪取した「帝王」が国民を支配する帝国という「お国柄」は、共産主義になっても一向に変わることはありません。ロシアにしても「帝国」資本主義から共産主義になり、再び資本主義に戻りましたが、圧政のスタイルが変化することがないのです。日本の国では、全てが継続されて、確実に積み上がっていく。ある日突然、プツリと切れ、元も子もなくなるような危険性は皆無と言えます。だから、たとえ「大東亜戦争」が未曾有の敗戦となっても天皇と共に再び「高度成長」ができたわけです。安定を好むので、改革があっても「革命」は起こらないのです。会社を変革する場合も徐々に変えていくのが日本人のスタイルと言えるでしょう。

「高天原」という地名が「鹿島神宮」（茨城）の周辺に3カ所あります。東の一之鳥居の延長線上に本殿、その先に香取神宮があります。両神宮は、伊勢神宮よりも創建が600年も古く、利根川を挟んで相対する近さにあります。ここでは、あたかも鳥居の中から太陽がお出ましになるように見えるのです。多くの人たちが「日の出」を求め、当該地にやってきたことが考えられます。そのトップに立ったのが、現皇室の祖先神だと推定しています。一旦付けられた地名は、1000年経っても変更される確率は低いことから、この地が「記紀神話」が示す神々の発祥の地だと考えられます。気候変動により、鹿島から、鹿児島へ「降臨（転居）」し、初代の天皇になったと思われます。歴代、皇室を尊重し、仕えた島津に「薩摩に暗君なし」だったことは、歴史の必然なのです。

地名は、「言語の化石」と言われ、時の流れに摩滅されず、極めて残存しやすい。「延喜式」（古代法典　905年）に記された95郡のうち、85郡の地名が現存しています。1000年で約9割ならば、2000年前の「神話時代」から8割程度の地名が残っている確率になります（0・9×0・9＝0・81）。地名は、当該地域を支配者がネーミングするケースが大半です。例えば、埼玉県の浦和は、2000年前は、海岸でした。浦（湾）の地域で和（なごやか）に暮らすことが地名の由来と考えられます。北海道にも旧アイヌ民族がネーミングした地名が数多く残されています。「高天原」という地名が残されていることは、確率から考えて決して偶然とは言えないのです。天孫降臨の場所と考えることができます。

言いたいことは、日本社会の「和の精神」を理解することなのです。後継者と共に、日本が２７００年近く続いた理由をじっくりと考えて欲しいのです。どうして繋がってきたのか？　破壊が無く、断絶がなかったのは、「調和」の精神が日本国民に脈々と伝えられてきたからです。

昭和22年（１９４７年）10月14日、ＧＨＱの圧力によって、11宮家が皇室を離脱しました。これは、男系を途絶えさせる「時限爆弾」でした。男系が切れてしまったら、欧米人やアフリカ人などの血が入ってくる可能性が出て来ます。従来のように天皇家が国民から尊崇される存在に留まることは不可能。天皇制を維持することが困難になります。日本人は、精神的支柱を失い、秩序が乱れ、崩壊するでしょう。ＧＨＱの狙い通りになるのです。爆弾が破裂する（男系が途絶える）前に戦前のように有力な宮家を皇族に戻す必要があります。男系（男性）天皇は、当然お子を産むことができません。相応しいお相手さえ選べば、天皇家の「血」が乱れることはないのです。女系（女性）天皇の場合、お子を産むことができます。従って、筆者のような「どこの馬の骨か分からない」血が入ります。英国の王室の如く、「一般人」の国になってしまうのです。国民が国家を信用できる体制を維持することが肝心です。

日本人としての誇りがあれば、ビジネスによって、社会に貢献することが当たり前と思えてきます。決して「不正行為」に走ることはなくなるでしょう。天皇を象徴とすることが、日本の国家理念だと理解することが、経営者の教養の第一歩だと考えています。薩摩の青年たちも『太平記』により、天皇制の在り方をしっかりと学んでいます。

後継者に必要な3つの学力

〈後継者の学力1〉国語力〈200字1分間スピーチ〉

社長には、当然学力が必要です。学校時代の学力は、テスト時間内に発揮される得点力を指しますが、本書では「学びを活かす力」と定義します。そのために社長は、論理力を高める必要があります。「だから、○○だ」というように結論に導くことができなければ、物事を判断し、企画を推進することができません。基本となるのは、やはり国語力です。人間は、言葉によって思考します。例えば、「学校」という言葉を知らなければ、「学校」を考えることができないのです。

リーダーは、言葉を選ぶ力を身に付けなければなりません。自分自身の考えを的確に表現できなければ、存在感を発揮することは不可能と言えます。特にリーダーは、目標ゴールを示す必要があり、表現力が問われます。世の中には、リーダーを目指すもダラダラと意味不明な言葉を並べ、顰蹙《ひんしゅく》を買い、リーダー失格の烙印を押される者も少なくありません。

そこで、200字で一つの考えをまとめて表現する「200字1分間スピーチ」を提示します。パフォーマンス学の権威佐藤綾子によれば、1分間を過ぎたスピーチ（会話も含む）は、ほぼ例外なく聞き手が「長い」と感じると言います。逆に「何分過ぎるとスピーチが長く感じますか?」という質問に「3分」と答える話し手が圧倒的に多いのです。これは、スピーチの長さに無頓着であることの証拠です。

なぜ、長い話をするかと言えば、話の長さについて真剣に考えたことがないからです。リーダーを目指す人たちは、1分間スピーチを是非実行してください。どうしてもスピーチが上手にならないと悩む人がいます。文章力が欠けていることが原因です。伝わらない文章を書く人は、論理的に繋がらない内容になっています。長過ぎる文を書くために読み手に論旨が全く伝わらないのです。

当然、スピーチをしても何が言いたいのか分からないことになります。普通の国語問題は解けても「作文」は全く書けないという人がいます。なぜ、書けないのでしょうか？正しく言葉を紡ぐ仕方が分からないからです。言葉を無造作に並べても何かを表現することは不可能です。辻褄が合うように論理的に文章を繋げる必要があります。端的に言えば、1＋1＝2を繋げていくことです。訓練次第で論理的能力が高まっていきます。

是非、後継者には文章力を磨いて欲しいのです。

文意が伝わらない共通点は、次の2点に集約できます。

1　文があまりにも長過ぎる。40字以内で区切ることを心掛ける。

2　主語、述語がはっきりしない。

友達との会話、会議での発言等も含め、全ての発信する内容を1分間で完結するにはトレーニングが必要です。最初は「型」を覚えることが大切です。

【例題1】

「本は買うべきか、借りるべきか」２００字であなたの考えを書きなさい。

〈解答例〉

①図書館や他人から本を借りた場合、当然約束の期限までに返却しなければならない。自分のお金で買った本ではないので本の内容を理解しないまま返してしまう場合がある。〈78字〉

②一方、書店や他人から本を買った場合は、ずっと手元に置いて置くことができる。自分のお金で買った本なので、本に対する愛着が湧きやすい。〈65字〉

③本は借りるよりも、買えば愛着が湧き、じっくりと読もうという気持ちになるので、本は買って読むべきだと思う。〈52字〉　〈計１９５字〉

〈組み立て方〉

解答例の①と②を比較して並べます。例文の場合、「借りる」ことと「買う」ことの違いを述べています。主人公の考えを２つ書くと合計文字数が１４３文字になります。①と

②は、必ず対立する事柄（例・野球とサッカー）を取り上げます。最後に結論を述べると文字数が200字に近くなります。読売新聞ならば、「編集手帳」、毎日新聞ならば、「余録」として第一面にコラムが掲載されています。双方共400字を超える分量ですが、200字に要約する練習をするといいでしょう。語彙力が増し、文章の「型」を覚えることができます。200字にまとめる文章力が付きます。

しっかりトレーニングを続ければ、型を使った作文は必ずできるようになります。後継者として、必要な能力です。

〈後継者の学力2〉複数思考実践力

今後「僉議」の如く、4つの選択肢で打ち手を想定する訓練を後継者に続けていけば、レベルの高いリーダー人材になれるはずです。この場合もやはり学力、教養が土台になければ、無理な相談になります。次の例題を考えてください。

【例題2】

駅前のAスポーツ用品店と500メートル離れた高校前のBスポーツ用品店では、同じランニングシューズを販売しています。両店共に利益を確保するために仕入れ値に3割の粗利を乗せて2600円で売っています。飛ぶように売れるので、A店は販売価格を下げてB店を出し抜こうと計画しています。果たしてこのケースでは、どんな展開が予想されるでしょうか？　又A店はどのように対処することが最適解でしょうか？

〈解答〉

このケースでは3段階レベルの打ち手が考えられます。

レベル1　自店Aが値段を下げる→B店も下げる→共に儲けが出ない。

レベル2　Aは値段を下げない→Bも下げない→儲けが出る（現状維持）→Bが裏切って値下げするかもしれない。

レベル3　AはBに対して「値段を下げたら反撃するぞ」と威嚇して、値下げを抑止する→AもBも現状維持で儲けが出る。

レベル3が最もレベルが高い戦術で、最大値の利益が出ます。

このケースは、薩摩の義久が家康に対して「明と貿易するならば、阻止するぞ」と威嚇して、その徳川の船を攻撃したことに似ています。AがBを威嚇することによって互いの現状維持を図り、「儲け＝店の利益」を確保したわけです。

〈後継者の学力3〉数学的僉議〈新フェルミ推定〉

経営には明確な根拠を持って論理的に数式を立て、大枠の数字を推定する計算力が必要です。又、要点を掴む「要約力」が大切です。

最も論理的能力を高められる方法は「フェルミ推定」を解くことです。仮説を論理的に組み立てる意味で「数学的僉議」と言えます。フェルミ推定は米国のフェルミ教授（ノーベル物理学賞受賞）が大学の授業中に出題したことからネーミングされています。論理的に数式を積み上げ、数量を導き出す問題形式です。フェルミ教授はシカゴ大学で実際に授業中に次のような問題を出しています。

Q　シカゴにピアノの調律師が何人いるか？

ヒント（シカゴの人口は300万人　・1世帯は平均3人　・ピアノ調律師は1日3台の調律をする　・週休2日、年間250日の勤務）

①シカゴの世帯数。

300万÷3＝100万世帯

②ピアノを所有している世帯数。

100万×0・1＝10万世帯

③ピアノの調律は、年に1回程度。

10万×1＝10万回（ニーズ）

④ピアノの調律師一人の年間調律数。

250×3＝750回

⑤プロとして何人必要か？

10万÷750＝133人

カンを頼りに事業案件を処理すれば、失敗する確率が高くなり、大切な資金や時間が無駄になります。ポイントは、ストライクゾーンに入れることです。ド真ん中だけがストライクではなく一定の枠に入れば「良し」とする考え方です。東京大学前で刺傷事件を犯した少年は、東京大学医学部に固執したと言います。ストライクゾーン（複数の答え）を広く捉える思考があれば、他の大学への進学を考えられたはずです。又、パワハラ等の被害で自殺を選ぶ人が後を絶ちませんが、他の選択肢を考えるという思考法を身に付けていれば、自殺を回避することもできたのではないかと思います。

例題は、新聞や雑誌等に掲載されたニュース記事をピックアップして作成しています。何らかの根拠を示し、数式を積み上げて結論として最終的な数量を出します。本書では第一段階から第六段階までの計算式を要する問題を記載しています。原則、わずかなヒントしか出さないため、雑学知識で推論します。推定して即答することによって「思考力」を磨いていきます。実際の数値は、正解とする数量と多くが異なっていますので、（　）に表示しました。ケタが合っていれば、ストライクゾーンに入っていると考えます。半分以上できれば、後継者としての学力が備わっていると言えます。論理的能力が高ければ、今後の「DX時代」に有効な手を打つことができるはずです。

新聞記事は、例題のように大概数字だけが発表されています。どれ位の数量になるのか？　後継者と問題を出し合いながら、数量感覚を磨きます。是非「良い加減さ」を身に付けてください。本書の「卒業検定」のつもりで10問解いてみましょう。なお、筆者は、従来のような現実離れした問題を排除し、マーケティングに役立つ出題意図のため、「新フェルミ推定」とネーミングしています。

Q1　マグロの初競り

1月5日早朝、豊洲市場で新春恒例の「初競り」が行われた。211kgのクロマグロは、いくらで競り落とされたか？

A1　1688万円（1688万円）

①　マグロ1kgを8万円と推定。

211×8＝1688

Q2　ペンギンが乗り越えた壁の高さ

江戸川区の水族館からペンギンが逃げ出し、行方不明になった。数日後、東京湾にいるとの目撃情報があり、副館長が急行。識別用リングによって、脱走ペンギンと確定され、捕獲された。ペンギンが乗り越えた水族館の壁の高さは何メートルか？

A2　4m

①　人間の2倍と推定。

2×2＝4

Q3　香港　大空から「札の雨」

大空から香港100ドル（日本円換算・1450円）紙幣がヒラヒラと舞い落ちてきた。1枚でも多く欲しいと店のひさしによじ登る人たちが続出。札の雨に香港の街が騒然となる。現場を警察が封鎖し、現金の返却を求めたが、戻ってきた紙幣はたった60枚。ビルからバラまいた男性実業家は、あえなく御用となった。慈善事業のつもりだったとか……。男は、日本円で一体いくらバラまいたのか？

A3　287万円

①　33人に1人しか返さなかった。
33×60＝1980

②　1980×1450＝2871000

Q4　マスク爆売れ

コロナ禍、街に出ても電車に乗ってもマスクをしていない人を見つけるのが大変なほどだ。かつて帽子を被り、マスクをしてコンビニに入ったら相当怪しまれたが、今は全く誰も気にも留めない。マスク美人が増えたように感じている。日本で2020年に何枚マスクが売れたか？

A4　２１０・６億枚（１９７億枚）

①　日本人口の９割が使用する。赤ちゃん、寝たきり等を除く。

1・3×0・9＝1・17

②　2日に1枚使用する。

1・17×180＝210・6

Q5　浦所線・ケヤキ並木の本数

北浦和駅西口から所沢航空公園までの通称浦所線（国道４６３号）の沿道には、埼玉県の木のケヤキが植えられている。昭和50年の開通以来、「緑のアーケード」としてドライバーの癒しになっている。約17㎞の両脇の沿道に何本のケヤキが植えられているか？

ヒント（車の速度）

A5　２０００本（実際・２４１７本）

① 60km走行した場合、秒速16・7mになる。
60000÷60÷60＝16・7

② 1秒間の走行距離、約17mごとに1本植えた。
17000÷17＝1000

③ 両脇の沿道。
1000×2＝2000

Q6 マグロ解体ショー

S県鮨商生活衛生同業組合は、市内のホテルで「マグロ解体ショー」を披露した。マグロの部位などの説明に参加者は、熱心に耳を傾け、写真撮影をする姿も目立った。下ろしたての新鮮なネタは店主らが握り、参加者がその場で味わった。「マグロ解体ショー」に参加し、マグロ鮨を食べる客の申し込み数が150人と確定した。主催者は、何kgのマグロを用意したか？

A6　50kg

①　1皿分。
15g×1皿2個＝30g

②　10皿平均で食べる。
30g×10皿＝300g

③　150人参加する。
300g×150人＝45000g

④　足りなくなることも想定し、マグロを5kg多めに用意した。
45kg＋5kg＝50kg

Q7　デパート屋上遊園地閉園

あるデパートの屋上遊園地が半世紀の営業に幕を下ろした。最終日には開演前から100人以上が行列を作った。親子3代にわたるファンもおり、レトロな観覧車などに別れを惜しんだ。４月に閉園を発表後、付せんにメッセージを書いて貼り出せるコーナーを設けると、コメントが1万枚を超えた。デパート屋上の最終営業日に何人の来場者があったか？

ヒント（市の人口35万人　・商圏３県）

Ａ７　２６２５人

①　商圏・市の人口35万人。
35×３＝１０５万人

②　デパートの顧客。
１０５×10％＝10・５万人

③　デパート屋上ファン。
10・５×10％＝１・０５万人

④　最終日に来た熱烈ファン。
１・０５×25％＝２６２５人

Q8　男女共通の高校生制服　販路拡大

F社は、男女共通の制服（ブレザー、スラックス）の売れ行きが中学校で好調なことから、県立高校へも販路を拡大することにした。シェア10％を目標に営業を開始した。販売する校数は高校何校分か？

ヒント（F県立高校数100校　・比較的新しさを好む風土）

A8　5校

①　高校の1学年人数。
40×7＝280人

②　高校平均人数。
280×3学年＝840人

③　F県高校生合計人数。
840×100＝84000人

④　高校生選択比率は5%。
8400000×0・05=420000人

⑤　何校分に相当するか。
420000÷840=5

Q9　GW（10日間）中に高速道路で何台の車がパンクしたか？
ヒント（高速道路の本数を考えない　・日本の世帯総数=5000万世帯）

A9　1200件（JAF・1122件）

①　車の台数　全世帯の3割が保有。
5000×0・3=1500万台

②　GW中に8割が外出走行する。
1500×0・8=1200万台

③　高速道路を1割の車が走行する。

１２００×０・１＝１２０万台

④　１日１万台に１件の割合でパンクする。
１２０万×０・０００１＝１２０件

⑤　10日間合計。
１２０×10＝１２００件

Q10　『ドカベン』発行部数（単行本）

『ドカベン』『野球狂の詩』等の作者、野球漫画の巨匠水島新司が逝った（享年82）。「世界の王」の監督采配にクレームを付けるなど、プロ野球界に大きな影響力を持っていた。水島自身も大変な野球好きでピーク時に年間１３０試合程度のゲームをこなしていた。46年間連載された、『ドカベン』の発行部数は、何万部か？

A10　４７８４万部（４８００万部）

①　野球人口。

1億3000万人×0・1＝1300万人

②　漫画好き。

1300×0・1＝130万人

③　水島漫画ファン。

130×0・8＝104万人

④　水島コアファン購入部数。

104×0・02＝2・08万部

⑤　46年間の週数（年末年始2週休刊）。

46×50＝2300週

⑥　合計販売部数。

2・08×2300＝4784万部

5段階組織論

組織は所詮人間の集まりです。新聞の人生相談を読めば分かりますが、9割が人間関係の悩みです。従って、後継者は所属しようとする組織に今どのような人間が集合しているのかを冷静に見極める必要があります。故野村克也監督は「再生工場」として東京ヤクルトスワローズ、東北楽天ゴールデンイーグルス等を再生し、優勝争いに導くほどチーム力をアップさせましたが、阪神タイガースだけは再生させることができませんでした。「阪神だけは、監督を引き受けるべきではなかった」と生前回顧しています。チーム（組織）力を引き上げることは容易ではないのです。後継者が、その組織がどの段階にいるのかを見抜かずに「再生」しようとしても徒労に終わります。

デイブ・ローガン博士（USC）らが提唱する「5段階組織論」を提示します（各段階の下に頻繁に使われる言葉を表記）。

・第1段階　最悪の人生だ

1段階にある組織は、世界全体に存在する組織の2％あると考えられています。

最初は、最低最悪な最下層に位置する組織です。全くやる気のない組織は、アメリカでは「ギャングのように武器を携えている」と表現されます。ならず者の集まりという意味です。ルールも何もなく暴力がまかり通るような組織という意味でもあります。東京都の公立小学校で教員を務めたM氏によれば、左翼系が牛耳っていた当該小学校には包丁等の武器を携帯していた教員が多数いたと言います。反社会的組織顔負けです。

1段階の組織を「再生」させるのは、非常に困難です。思い切って解散させるという手があります。社員をいくら鍛えても無駄だと思ったら、リーダーは敢えて組織を解散（倒産）させ、1からメンバーを集める手もあるということです。

・第2段階　最低の人生だ

「最低の人生だ」という言葉に集約されるような、諦めムードに満ちたやる気がない組織が存在します。例えば、虐待を予測しながらも幼児を保護することなく、放置する児童相談所、いじめがあると知っていながらも見て見ぬふりをする無気力な校長（学校）等、無気力集団がこの2段階に当てはまります。赤字続きの会社とか、忖度やご機嫌ばかりとっているいわゆる「公務員的な」組織等もここに当てはまります。誠を尽くしても相手に通じることはありません。2段階にある組織では、命令形の言葉遣いが有効です。

得意分野、長所を具体的に褒めて承認欲求を満たすことが大切です。前向きな意欲が出てきた段階でプロジェクトを任せ、自信を持たせることで次のステージを目指します。稲盛がＪＡＬの会長就任時、当該職場は2段階だったと思われます。

・第3段階　オレだけが素晴らしい

「自分だけが素晴らしい、オレの力でこの組織は成り立っている」

お互いを見下している状態がこの3段階の組織です。「誠」がギリギリ認知できる段階です。

少年時代からエリート校に進学し有名大学から有名企業（官庁）に入ったような場合に起こります。学校の成績が良ければ何でも許されると思っているエリート層が多く所属する組織が3段階です。霞が関の組織にしばしば見られます。一匹オオカミがほとんどです。

日本の教育は、3段階の人間を主に育てます。与えられた問題に対しては正解できるけれど課題を発見することができない。学力が高くてもリーダーとしてクラスをまとめられない。学校教員もリーダーシップを教えることができない。

日本の学校には「リーダー学」がなく、指導されないまま就職しているのが現実です。会社員になると、出る杭は打たれ、忖度して媚びへつらう人間が出世の階段を上っていきます。社長は気に入った部下を役職に付け、身内（長男）に会社を継がせます。2者関係に拘り、発展性がない組織なのでやがて淘汰される運命になるのが3段階の特徴です。

彼らはいつでもライバルを蹴落とすことに必死です。誰も手助けをしてくれないので長時間労働になり、深夜に帰宅し、食事をするようなライフスタイルになります。

彼らには協調関係が必要な仕事を任せ、目標達成には独力では無理なことを気づかせることが重要です。「時間がない」「あいつは無能だ」という不満が次第に消えていくようになれば4段階にアップする兆しです。信頼関係を築くという段階です。2、3段階にあったＪＡＬ組織が、お互いの信頼関係を築けた結果、4段階にアップすることができました。

・第4段階　私たちは素晴らしい

4段階の組織では構成員の協同意識が強く、自分だけが偉いのではない、互いを尊重するという意識が強くなります。「誠」を尽くすメンバーです。組織としても価値観を明確にして経営理念をしっかりと共有できています。新入社員を採用する時も会社の大きさやネームバリューで新人を採ってくるのではなくて、会社の理念に共鳴する若手を採用できます。いくら有名大学を出ていても、筆記試験が優秀でも、理念が合わない若者は採用しないのです。それを徹底すれば離職率はぐんと下がります。価値観が浸透されていますので、経営方針に迷いがなくなります。

4段階の特徴はチームメンバー同士で初めから信頼関係が成り立っていることです。スタンフォード大学では、経営学、社会学の教授たちと技術者の3人で講義をします。1人が2人に対して専門家の役割を果たし、研究分野を深める手助けになっています。3者関係がチーム全体に広がり、ネットワーク化されることによってイノベーションが起こります。全ての役割は混ざり合い、「穴」がなくなり、誰かが代理を務めることが可能になるのです。

利益が出ている健全な組織では3段階と4段階を行き来していると考えられています。組織は生きているので、ある時は組織の理念が明確になり構成員がそれをシェアしきれていても、周囲の状況の変化で理念が飾りになり、社会の変化に対応できない状況に陥ることがあります。油断をすれば、再び3段階に落ちてしまったりもします。「揺れ」を経験しながら、組織が4段階にしっかりと定着すれば、最高峰の5段階を目指すことになります。

・第5段階　人生は素晴らしい

組織の最高峰です。価値観が共鳴するならば限りなくネットワークを広げることができます。残念ながら5段階は、例えば宇宙開発等の歴史を変えるほどのプロジェクトが存在している期間しか持続できません。純粋な好奇心の刺激が不可欠なのです。人は常時100％の力で走り続けることができないので、特別組織は一旦解散し4段階に戻ります。

米国ギャラップ社は5段階組織を半永久的に目指すために「世界70億人のために働く」という経営理念を掲げています。ライバルと勝負する考え方を捨て去ったわけです。長期間有効な素晴らしい「誠」の理念と言えます。

後継者リーダーに求められるのは今組織がどの段階にあるかを組織に属する者の使う言葉によって、見極めることです。そして、次のステージに押し上げる役目を果たすことだと言えます。

後継者リーダーの条件

中小企業では、社長に「不測の事態」が発生してから、大半は慌てて次期社長選びが始まります。ワンマン社長が君臨している間は、周囲が後継者選定を社長に進言しづらいものです。現実、一日でも長く「社長」のイスに座っていたい人が多いのです。

中小企業白書によれば、約7割の企業が「社長の死去」、「社長の病気、入院」等、想定外の事件が起こった時に後継者問題が浮上すると回答しています。約6割の社長が、我が子や幹部社員たちを日頃「能力不足」と考えていることから、経営のバトンタッチをためらう傾向があることが分かりました。後継者がいなければ、当然会社は潰れ、取引先との関係も途絶えます。金融機関も後継者不在企業への融資をストップします。事実上、会社を存続させることは不可能です。「備えあれば憂いなし」なので、60歳を過ぎた時点で、後継者採用、育成をスタートさせる必要があります。中小企業白書では、「事業承継」に約3割が5年程度掛かったと答えています。従って、65歳頃を目途に「社長交代」するのが理想的です。70歳まで「会長（相談役）」を務め、古希を迎えたら潔く引退しましょう。「老兵」は消え去るのみです。

1　熱意

稲盛は、いかなる組織であっても「情熱」が新しい時代を切り開いていくと言います。「熱意」のエネルギーは、無理して出すものではありません。10代のインパクト体験を見極め、最適な仕事に就くことによって、自然に発揮されるのです。情熱のない、ロボットのような感情が乏しい人間に付いていく人は皆無のはずです。付いてくる人間がいるから仕事をするのではなく、熱いマインドに人が付いていくのです。失敗する人の特徴は、途中で諦めることです。だから「失敗」するのです。稲盛は、失敗は心の在り方だと言います。いくら失敗しても、又立ち上がれば、必ず成功できる。成功体験を積むことによって、「レジリエンス」の力が付いてくるのです。幾度も困難を乗り越えることにより、志が高まると言います。具体的に「熱意」は、出勤時間の早さに表れます。長時間労働は勧められませんので、退勤時間には拘らないようにします。

２　学び・謙虚さ

リーダーには、謙虚さが必要です。権力を握ると往々にして不遜になります。いつしか協力が得られず、下降線を辿っていくことになります。いつでも感謝の気持ちを忘れないリーダーは、協調性のある組織を築いて、成功に導くことができるのです。自律心があり、自身の気持ちをコントロールすることができます。己の能力を過信し、傲慢にならないのです。

事業承継に際し、ＳＷＯＴ分析が必要です。

第１　強み（Strengths）
自社商品、サービスが顧客に選ばれている理由

第２　弱み（Weaknesses）
ライバル企業と比較して弱みとなる経営資源（広告、技術、資金等）

第３　今後の可能性（Opportunities）

市場の開拓等

第４　脅威（Threats）

外部環境変化の自社に不利に働く要因

謙虚な気持ちで学び、経営分析に活かすことが大事です。いずれにしても、今後は「ＤＸ戦略」を充実させることが大事です。後継者は推進役になり、早期に社内ＯＪＴ体制を築く必要があります。ＡＩはデータ収集、分析はできますが、最終的な決断ができないからです。

３　人望・誠

人望がない人間をトップに据えたら、会社は崩壊します。社員の気持ちがまとまらず、バラバラになるからです。熱意、謙虚さに加えて、私利私欲のない人物を選ぶことは、「世襲制」を否定することにも繋がります。当然、「人望」がある人材には、責任を他に転嫁しないマインドが備わっています。組織を永続させるための「後継者選び」は、「人望主義」に徹することが大切です。「誠」ある人材を育成することが、半永久的に会社組織を「繋げる」秘訣なのです。

後継者と共に「中期経営計画」を作成することをお勧めします。バトンタッチまでの期間が3年であれば、その期間を見据えた経営計画を立てます。後継者は知らないことが多いため、経営者に質問する機会が多くなります。作成過程はコミュニケーションツールになりますので、後継者の人柄を見極めることに有効な手段です。弱い立場にある取引業者等の対応に横柄さが感じられるならば、「後継者候補」を白紙に戻すような決断も必要になります。相性の良さを基準として、以上の3条件を考慮して、後継者選定をし、100年企業を築いてください。

おわりに

ようやく政府も腰を上げた後継者育成

政府は、「起業家を大企業で育成する」という起業家育成の方針を発表しました。政府もようやく「後継者不足」が深刻な社会問題であることを認識したわけです。経済産業省は関連費用として8・6億円を用意しました（2021年度補正予算案）。成長戦略の一つとしてスタートアップの育成を目指していきます。

具体的な支援策は二つです。社長を目指す意欲的な人材にとって、大歓迎の制度です。

一つは、アメリカで広がる「客員起業家制度」（EIR）の導入です。起業を目指す人が自ら計画する事業に近い分野の企業で働き、販路開拓や量産化の知見を学びます。起業家が「後継者」になって「衣替え」した、新会社をつくるという仕組みです。勤務する会社が大企業ならば、子会社として独立することになります。現状、リクルートの社内独立制度と類似の仕組みです。

経済産業省としては、1年間で約30～50人の起業家の支援をモデル事業に定め、雇用に協力した企業に必要経費を補助します。新卒、既卒の双方に適用されます。

もう一つは、大企業の有望社員を中小企業に出向させ、人件費をはじめとして必要経費の3分の2を補助します。社長になりたい社員を「後継者候補」として送り、当該中小企業と合同で新会社を設立するという仕組みです。20代後半から30代前半が主な対象になります。

ベンチャー市場では企業価値が10億ドル（約１１５０億円）を超える未上場の新興企業を「ユニコーン」と呼びます。アメリカの調査会社によると日本にはそれが６社しかありません。アメリカには４２４社、中国には１６５社あると言われています。ベンチャー部門では世界の大国に対して、日本は大きく水をあけられていることになります。

・運の量

後継者採用育成の際に考えて欲しいのは、当該人物の「運の量」です。運がたっぷり残っていれば、活力に溢れ、存在感があります。運が少なくなっていれば、存在感が薄くなります。但し、存在感を数字に表すことは不可能です。これは、トップ女優や反社会的な人物などが目前に現れた時に感じる、「圧迫感」をイメージする言葉と理解してください。歴史上の人物は、例外なく存在感があったと考えられます。

運の量によって、主に容姿、身体能力、知能指数等の3点に配分されます。全てに優れている人物はごく少数です。例えば、秀吉は身体丈夫、頭脳明晰でしたが容姿に恵まれなかったとされています。容姿だけがいい人、スポーツだけを得意とする人、学校の勉強だけができる人と、1点だけの人もかなり多いように思えます。2点を兼ね備えている人は多くはありません。

運の量がたっぷりある間は、いい結果を出すことができます。運の量が少なくなってくるとトラブルに巻き込まれやすくなります。「運が尽きる」と言いますが、使い果たしてしまうと石川五右衛門のように泥棒を続けることができず、お縄になるのです。ガソリンが無くなれば、走れなくなるのと同じです。お金が無くなれば、家賃や食費を賄うことができなくなるのと似ています。運の量が少なくなれば、やりたいことができなくなるのです。もし、後継者としてDX戦略に優れた人材が欲しいと望んだとしても、運の量が残り少なければ、無理な相談になります。願望の強さだけでは目標を達成することはできません。

採用に当たっては、「運の量」を重視して、人材を選んで欲しいのです。松下幸之助は、採用面接の際に「あなたは、運がいいと思いますか？」と必ず聞いたと言われています。この質問は単にプラス発想の持ち主か否かを問うのではなく、今までに運の量をどれだけ使ったかを確認するものだったと考えられます。

以上、一つのモノサシとして、「運の量」の考え方を提起しました。根拠とする仏典は、天台大師「摩訶止観」一念三千の理論です。現在は、富士大石寺門流に伝わっています。「運の量」を増す方法があるか？という質問には、稿を改めたいと考えています。編集担当の上島さんには、本文構成、表現等を最後までリード頂き、感謝の意を表す次第です。

本書が、後継者選びのお役に立つことを願っています。

参考文献

・辻 善之助『皇室と日本精神』大日本図書、1936年
・塩田丸男『上司の論理・部下の論理―タテ・ヨコ・ナナメの人間関係』PHP研究所、1980年
・斎藤之幸『西郷大久保稲盛和夫の源流 島津いろは歌』出版文化社、2000年
・桐野作人『島津義久 九州全土を席巻した智将』PHP研究所、2005年
・稲盛和夫『人生の王道』日経BP、2007年
・家村和幸『名将に学ぶ 世界の戦術（図解雑学）』ナツメ社、2009年
・松下幸之助『社長になる人に知っておいてほしいこと』PHP研究所、2009年
・デイブ・ローガン、ジョン・キング、ハリー・フィッシャー＝ライト『トライブ―人を動かす5つの原則』ダイレクト出版、2011年
・岩田松雄『ミッション 元スターバックスCEOが教える働く理由』アスコム、2012年
・スティーブン・R・コヴィー『完訳 7つの習慣 人格主義の回復』キングベアー出版、2013年
・デビッド・マクアダムス『世界の一流企業は「ゲーム理論」で決めている―ビジネスパーソンのための戦略思考の教科書』ダイヤモンド社、2017年
・クラウディオ・フェサー『マッキンゼーが教える科学的リーダーシップ―リーダーのもっとも重要な道具とは何か』ダイヤモンド社、2017年
・藤間秋男『永続企業の創り方10ヶ条―100億円企業より100年企業に学べ！』平成出版、2019年
・福山 隆『「陸軍中野学校」の教え―日本のインテリジェンスの復活と未来』ダイレクト出版、2021年
・田中英道『ルネサンスvol.7「日本」とは何か「日本人」とは何か』ダイレクト出版、2021年
・日本史財政学研究所『戦のねだん（COSMIC MOOK）』コスミック出版、2021年
・山村竜也『最新研究でここまでわかった！ 幕末の真実（TJMOOK）』宝島社、2021年
・菊池 寛『［復刻版］大衆明治史（上）建設期の明治』ダイレクト出版、2022年
・『「日記」が語る歴史的瞬間』歴史読本、1988年2月特別増刊号
・『私だけが知っている決定的瞬間 日本史の目撃者』歴史読本、1989年5月特別増刊号
・『戦国九州三国志』歴史街道、2018年3月号
・『戦国武将の戦時と平時』歴史人、2020年12月号
・『発表！ 戦国武将最強ランキング』歴史人、2021年4月号
・『明治維新と戊辰戦争の真実』歴史道、2021年5月6日号
・『「幕末京都」の真実』歴史街道、2021年6月号
・『関ヶ原合戦 東西70将の決断！』歴史道、2021年7月6日号
・『戦国最強家臣団の真実』歴史道、2021年12月6日号